Deutsch im Büro

German in the Office

New Edition

**Hilde W. Watson, F.I.L., and
S. McGuinn, M.A., M.Sc.**

Longman

LONGMAN GROUP LIMITED
London

Associated companies, branches and representatives throughout the world

© Hilde W. Watson and
S. McGuinn, London, 1964

First published by Neville Spearman (Educational) Ltd 1964
Reprint published by Longman Group 1969
New edition 1978

ISBN 0 582 35256 8

Printed in Great Britain by
Lowe & Brydone Printers Limited, Thetford, Norfolk

INTRODUCTION

This is a book for people who know some German already. It is designed for those who would like to use the language for business purposes, either in this country or abroad. Of course every branch of business has its own terms which have to be acquired; this book, however, teaches a general knowledge of office and business procedure, commercial vocabulary and some of the differences between German and English methods.

There are four sections: the first introduces the background for daily office life, the second deals with business correspondence in general and gives practical examples and exercises – commercial terms are printed in italics and appear in the glossary – and the third section provides information for reference which should help to solve most of the problems which might occur in the office. These three sections are complementary and are meant to be used side by side. The fourth section consists of a two-way vocabulary; designed primarily to cover this book, it can, however, also be used independently as a general glossary of commercial terms.

HILDE W. WATSON, F.I.L.

SHIRLEY McGUINN, M.A. (OXON), M.SC.

Note to New Edition

This book has been in widespread use in colleges for over ten years. In this new edition we have brought the information and illustrations up to date and, in response to users' requests, have added a number of new items. These include an example of how to present a curriculum vitae in German and a new section listing public holidays in Germany.

INHALTSVERZEICHNIS

TABLE OF CONTENTS

I. TEIL

Das Büro

Es gibt große und kleine Büros aller Art. In jedem Büro sind die Bedingungen anders, je nach dem Geschäft oder der Tätigkeit. Die Privatsekretärin kommt immer eine Viertelstunde früher als ihr Chef ins Büro. Sie holt die Post ab, wenn es nötig ist, macht die Umschläge auf, sortiert die Briefe, die sie ihrem Chef dann auf den Tisch hinlegt. Auf ihrem eigenen Tisch steht ihre Schreibmaschine. Sie nimmt die Haube ab und staubt die Maschine ab. Aus den Schubladen nimmt sie einen Briefbogen mit dem gedruckten Briefkopf der Firma, zwei Stück Durchschlagpapier und zwei Stück Kohlepapier, die sie in die Maschine einlegt. Sie spitzt ihre Bleistifte mit einem Bleistiftspitzer und dann ist sie arbeitsbereit.

Sobald der Chef in seinem Privatbüro angelangt ist, drückt er auf den Klingelknopf als Zeichen, daß er die Sekretärin zu sehen wünscht. Ihren Stenoblock und gespitzte Bleistifte bringt sie gleich mit. Das versteht sich von selbst. Er sieht zuerst die Morgenpost durch, diktiert ein paar Briefe, wenn er selbst die Antwort verfassen will, oder andernfalls überläßt er ihr den Briefwechsel. Die Kassetten, die er zu Hause auf seinem Diktiergerät vorbereitet hat, nimmt die Sekretärin für die Stenotypistinnen mit, die in einem benachbarten Raum untergebracht sind.

Wenn der Chef mit Kollegen in einer anderen Abteilung sprechen will, bedient er sich des Haustelefons; manchmal kann er direkt wählen, manchmal muß er das Telefonfräulein bitten, die Verbindung mit der Nebenstelle herzustellen. Ähnlich ist es, wenn er auswärts anrufen will und das kommt dauernd vor, da viele wichtige Geschäfte heutzutage am Telefon abgeschlossen werden. Mittlerweile schreibt die Sekretärin auf der Maschine

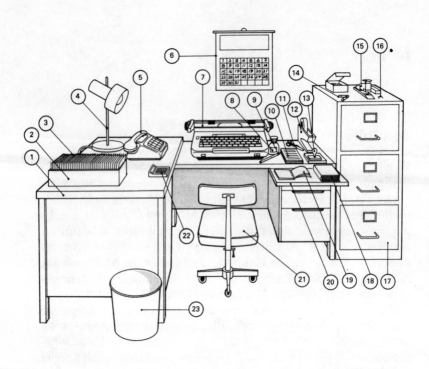

Wortschatz

1. der Schreibtisch (-e)
2. die Kartei (-en)
3. die Karteikarte (-n)
4. die Schreibtischlampe (-n)
5. das Tischtelefon (-e)
6. der Wandkalender (-)
7. die Schreibmaschine (-n)
8. die Korrekturflüssigkeit (-en)
9. der Kuli (-s)
10. der Vormerkkalender (-)
11. die Papierschere (-n)
12. der Tesafilm (-e)
13. der Stempel (-)
14. die Büroklammer (-n)
15. die Heftmaschine (-n)
16. die Heftklammer (-n)
17. der Aktenschrank (-̈e)
18. das Wörterbuch (-̈er)
19. der Stenoblock (-̈e)
20. das Ausziehbrett (-er)
21. der Drehstuhl (-̈e)
22. die Rechenmaschine (-n)
23. der Papierkorb (-̈e)

die Briefe, die sie in Kurzschrift aufgenommen hat und legt sie in die Unterschriftenmappe, die sie nachher dem Chef zum Unterzeichnen hinlegen wird.

Die wichtigeren Geschäftsgespräche hat er selbst geführt, aber meistens hat sie auch Verschiedenes telefonisch zu erledigen; sie muß Sitzungen anmelden, bestätigen oder diplomatisch absagen; im Zuge oder im Flugzeug Plätze bestellen, Strecken ausarbeiten, Hotelzimmer reservieren, oder einen Tisch in einem erstklassigen Restaurant bestellen, wenn der Chef einem Kunden besonders imponieren will.

Alle Papiere, d.h. Briefe mit den entsprechenden Durchschlägen, Broschüren, Rundschreiben, Quittungen, Berichte, Zeitungsausschnitte, Rechnungen, Anzeigen, Prospekte, Zeugnisse, ausgefüllte Formulare, u.s.w. werden alphabetisch abgelegt. Es ist meistens die Arbeit eines jungen Büroangestellten, diese ganzen Unterlagen ordentlich in die Aktenablagen einzuordnen und nötigenfalls mit einer Büroklammer zusammenzuheften. Derselbe Angestellte hat oft die Aufgabe Rundschreiben, Berichte u.s.w. abzulichten oder zu vervielfältigen. Zuerst wird der Text von einer Schreibkraft auf eine Matrize geschrieben, dann werden soundsoviele Exemplare auf dem Vervielfältiger abgezogen.

Büroangestellte bekommen für die Arbeit, die sie leisten, ein entsprechendes Gehalt. Das Gehalt wird monatlich oder wöchentlich bezahlt. Es kann auch direkt auf ein Konto bei der Bank oder bei der Postsparkasse überwiesen werden. Von dem Bruttobetrag wird zuerst Einkommensteuer, Renten- und Krankenversicherung abgezogen.

Die Arbeit selbst ist natürlich von erster Bedeutung, aber heutzutage wird auch viel Wert auf ein angenehmes Betriebsklima gelegt und auf die Wohlfahrt der Arbeitnehmer Die Angestellten haben heute viele Annehmlichkeiten – eine Kantine, wo man dank der Firmenzuschüsse billig und gut essen kann, eine Fünf-Tage-Woche, bezahlten Urlaub, bezahlte Überstunden, einen Bonus zu Weihnachten, Sportklubs, Betriebsausflüge und dergleichen. Manche Firmen helfen auch bei der Wohnungs- oder Zimmerbeschaffung mit. In Deutschland fängt der Arbeitstag ziemlich früh an, oft schon um 8 oder 8 Uhr 30, wenn nicht früher. Ungefähr um 11 Uhr wird dann eine kleine Pause eingelegt. Man bringt von zu Hause ein paar belegte Brote zum ,,zweiten Frühstück" mit.

Diejenigen, die im Beruf weiter kommen wollen, suchen sich eine Stelle bei einer Firma, wo die Aufstiegsmöglichkeiten und Aussichten gut sind. Wenn sie sich dort gut einarbeiten, fleißig und zuverlässig sind, bekommen sie zu gegebener Zeit eine Gehaltserhöhung, d.h. sie werden aufgebessert – zur Privatsekretärin, zum Abteilungsleiter, zum Prokuristen, u.s.w. Es besteht ein großer Unterschied zwischen einer Stenotypistin und einer Privatsekretärin. Für die erste genügt es, wenn sie gut und schnell stenographieren und Maschine schreiben kann. Die Privatsekretärin muß aber viele andere Eigenschaften haben. Sie muß selbständig handeln, Entscheidungen treffen, Berichte abfassen können. Sie muß vielseitig sein und ist manchmal als Dolmetscherin, Empfangsdame, Reiseleiterin, Kellnerin oder Beraterin tätig.

Büromaschinen

Bei der deutschen Schreibmaschine ist die Tastatur etwas anders als bei der englischen: es gibt eigene Tasten für „ä" „ö" und „ü" und die Tasten für „z" und „y" sind ausgewechselt, weil das „z" im Deutschen viel häufiger als im Englischen vorkommt. Die deutsche Tastatur sieht so aus:

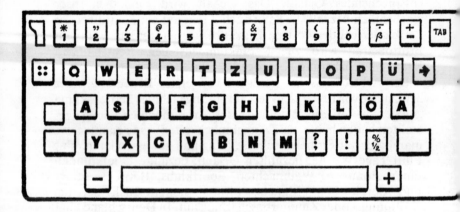

Ein weiterer Unterschied ist, daß die Geschwindigkeit für das Maschinenschreiben in Anschlägen und für Kurzschrift in Silben und nicht in Wörtern gerechnet wird.

Für Journalisten und Leute, die oft unterwegs sind, gibt es kleinere, leichte Reiseschreibmaschinen, die man tragen kann.

(elektrische) Schreibmaschine   Reiseschreibmaschine

Diktiergerät

Rechenmaschine

Der Fernsprecher

Der Fernsprecher (oder das Telefon) ist im modernen Leben ein unentbehrliches Gerät geworden. Man kann die Feuerwehr, die Polizei, den Arzt in Sekunden benachrichtigen. Man kann ohne zeitraubende Zusammenkünfte wichtige Geschäfte und Abkommen abschließen. Auch im Privatleben kann man durch telefonische Bestellungen, Einladungen und Erkundigungen viel Zeit sparen. Für die Schreibfaulen ist das Telefon eine wahre Gottesgabe.

Das Telefonieren ist eine sehr einfache Angelegenheit. Zuerst sieht man die Nummer im Telefonbuch nach. Hier sind die Namen, Adressen und Telefon-Nummern aller Fernsprechteilnehmer in alphabetischer Reihenfolge angegeben.

In Deutschland wird die Telefon-Nummer getrennt geschrieben und ist entweder fünf- oder sechsstellig, z.B. 68 49 21; man sagt dann „achtundsechzig, neunundvierzig, einundzwanzig". Hat man die Nummer im Telefonbuch gefunden, dann nimmt man den Hörer ab und wählt die Nummer auf der Drehscheibe. Meldet sich jemand, dann hat man gleich Verbindung:

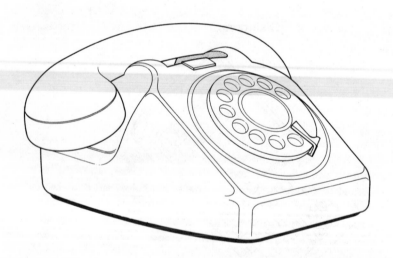

„Hier Schmitt und Söhne, Büromaschinen. Nein, ich bedauere, Herr Schmitt ist gegenwärtig nicht da. Kann ich etwas ausrichten? Jawohl, ich werde Herrn Schmitt bitten, später bei Ihnen anzurufen. Auf Wiederhören!"

Meldet sich niemand oder wenn die Nummer belegt ist, dann legt man den Hörer wieder ab.

Wenn man selbst kein Telefon hat, muß man zu einer öffentlichen Sprechstelle gehen. Fernsprechzellen findet man in jedem Postamt, in Restaurants und Hotels und in den meisten Hauptstraßen. Hier ist die Sache etwas komplizierter, weil man zuerst zwei Zehnpfennigstücke einwerfen muß. Wenn man keine Verbindung bekommt, dann werden die Münzen automatisch zurückgegeben. Man braucht in Deutschland nicht auf einen Knopf zu drücken.

Ein Ortsgespräch kostet zwanzig Pfennig, Ferngespräche natürlich mehr. Innerhalb Deutschlands ist jetzt der Selbstwähldienst überall eingeführt. Für Ferngespräche im Selbstwählverkehr benötigt man die richtige Ortsnetzkennzahl für den jeweiligen Ort oder die Stadt. Man kann heute innerhalb Europas und nach vielen Ländern Übersee direkt wählen. Die Kosten erhöhen sich selbstverständlich je nach der Entfernung und der Zeitdauer des Gesprächs.

Bei Ferngesprächen, vor allem im Geschäft, möchte man oft gern genau wissen, wie lange man gesprochen hat oder wieviel der Anruf kosten wird. In diesem Fall bittet man die Zentrale um ein Gespräch „mit Gebührenangabe", oder wenn man häufig solche Gespräche führt, läßt man einen automatischen Zähler von der Post einbauen. Man kann auch das „Fräulein vom Amt" um ein „R-Gespräch" bitten. In diesem Fall wird der Teilnehmer, den wir anrufen wollen, gefragt, ob er für das Gespräch zahlen will. Dies kann man zum Beispiel tun, wenn man nicht das richtige Kleingeld bei sich hat.

In Deutschland kann man ebenfalls Ferngespräche „mit Voranmeldung" machen, d.h. wenn Sie zum Beispiel mit einem gewissen Kunden etwas besprechen wollen und Sie rufen mit Voranmeldung an, dann wird die Zeitdauer des Anrufes erst dann gerechnet, wenn Sie beide am Apparat sind und sprechen.

Die Fernsprechteilnehmer in Deutschland bekommen jeden Monat die Abrechnung für Telefongebühren. Diese müssen rechtzeitig bei der Post eingezahlt werden, sonst wird man gemahnt und bei Nichtzahlung wird das Telefon gesperrt.

Buchstabiertafel für Ferngespräche

FÜR VERWENDUNG IM INLAND

A	Anton	I	Ida	S	Samuel
Ä	Ärger	J	Julius	Sch	Schule
B	Berta	K	Kaufmann	T	Theodor
C	Cäsar	L	Ludwig	U	Ulrich
Ch	Charlotte	M	Martha	Ü	Übermut
D	Dora	N	Nordpol	V	Viktor
E	Emil	O	Otto	W	Wilhelm
F	Friedrich	Ö	Ökonom	X	Xanthippe
G	Gustav	P	Paula	Y	Ypsilon
H	Heinrich	Q	Quelle	Z	Zacharias

Diese Buchstabiertafel wird im Fernsprechdienst zum Buchstabieren von Eigennamen und sonstigen Angaben verwendet.

FÜR DEN INTERNATIONALEN VERKEHR

A	Amsterdam	J	Jerusalem	S	Santiago
B	Baltimore	K	Kilogramm	T	Tripoli
C	Casablanca	L	Liverpool	U	Upsala
D	Danemark	M	Madagaskar	V	Valencia
E	Edison	N	New York	W	Washington
F	Florida	O	Oslo	X	Xanthippe
G	Gallipoli	P	Paris	Y	Yokohama
H	Havana	Q	Quebec	Z	Zürich
I	Italia	R	Roma		

Die Post

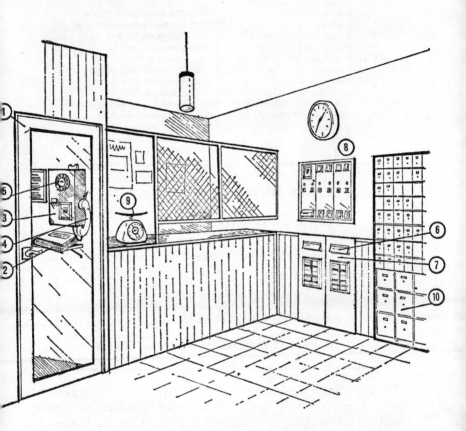

Wortschatz

1. die Fernsprechstelle (-n)
2. das Telefonbuch (:er)
3. das Telefon (-e)
   der Fernsprecher (-)
4. der Hörer (-)
5. die Drehscheibe (-n)

6. der Briefeinwurf (:e)
7. der Briefkasten
8. der Briefmarkenautomat (-en)
9. die Briefwaage (-n)
10. das Postschließfach (:er)

2402	**Dummersdorf, Lübeck-**	7071	**Durlangen/**über
3149	**Dumstorf/**über Dahlenburg		Schwäbisch Gmünd
7601	**Dundenheim/**über	7552	**Durmersheim/**über Rastatt
	Offenburg (Baden)	7291	**Durrweiler/**über Freudenstadt
3151	**Dungelbeck/**über Peine	7407	**Dußlingen (**Württ**)**
2401	**Dunkelsdorf/**über Lübeck	8531	**Dutendorf/**über
7213	**Dunningen/**über Rottweil		Neustadt (Aisch)
3211	**Dunsen/**über Elze (Han)	6331	**Dutenhofen/**über Wetzlar
7921	**Dunstelklingen/**über	7101	**Duttenberg/**über
	Heidenheim (Brenz)		Heilbronn (Neckar)
2941	**Dunum/**über Wilhelmshaven	8771	**Duttenbrunn/**über Lohr (Main)
6651	**Dunzweiler/**über Waldmohr	3151	**Duttenstedt/**über Peine
5541	**Duppach/**über Prüm (Eifel)	6731	**Duttweiler/**über
8961	**Durach**		Neustadt (Weinstr)

Keine Anschrift

ohne Postleitzahl

denn die Postleitzahlen
dienen
einer schnellen Beförderung
Ihrer Postsendungen

Beachten Sie bitte die Musteranschriften auf Seite 363

Obenstehend ein Auszug aus der Liste der Postleitzahlen, die bei der Anschrift vor der Stadt oder dem Ort anzugeben sind. Postleitzahlen ermöglichen das automatische Sortieren der Sendungen. Die Postleitzahl ist stets vierstellig anzugeben. Bei Orten mit mehreren Zustellpostämtern hinter dem Bestimmungsort die Bezeichnung des Zustellpostamtes angeben, z.B. *6000 Frankfurt 70.*

Bei Sendungen in die DDR und nach Berlin (Ost) kommt vor die Postleitzahl des Bestimmungsorts das Zeichen x, um Verwechslungen und Fehlleitungen zu vermeiden, z.B. x *53 Weimar.*

Bei Postsendungen aus dem Ausland soll vor die Postleitzahl des Bestimmungsorts das Nationalitätszeichen für Kraftfahrzeuge mit Bindestrich gesetzt werden, z.B. *D-5100 Aachen* und *A-4020 Linz.*

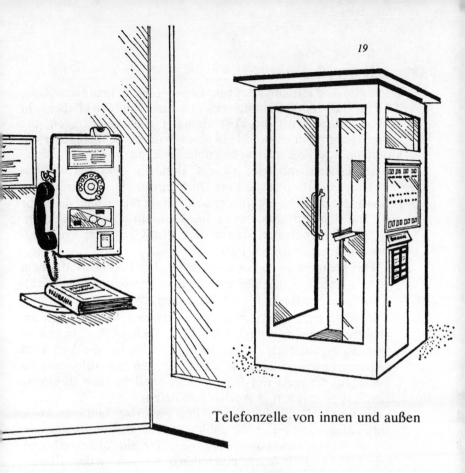

Telefonzelle von innen und außen

Benutzung des Fernsprechers. Beachten Sie bitte:

1. Handapparat nur zum Herstellen einer Gesprächsverbindung abheben.

2. Vor Abheben Rufnummer feststellen. Rufnummern von Teilnehmern sowie Kennzahlen, die nicht bekannt sind, können bei der Auskunft erfragt werden.

3. Erst nach Ertönen das Wähltones die Rufnummer wählen.

4. Auf Signaltöne und Hinweisansagen achten. Es bedeuten:

Signaltöne im gleicher Tonhöhe
a) kurz—lang: bitte wählen (Wählton)
b) lang: der gewählte Anschluß ist frei und wird gerufen
(Freiton)
c) kurz: der gewünschte Anschluß ist besetzt (Besetztton).

Das Postwesen

Die Post spielt im heutigen Leben eine bedeutende Rolle nicht nur im Geschäft, sondern auch im Privatleben. In Deutschland wird die Post einmal täglich ausgetragen; die meisten großen Firmen haben am Postamt Schließfächer, so daß sie ihre Post auch selbst abholen können.

In Deutschland gibt es ein Bundespostministerium, das ungefähr dem britischen Post Office entspricht, und an dessen Spitze der Bundespostminister steht. Die kennzeichnende Farbe für die Bundespost ist ein grelles Gelb: Briefkasten, Telefonzellen, Telefonbücher, Automaten, Postwagen und Postautobusse fallen durch diese Farbe gleich auf.

Das Postnetz ist höchst ausgedehnt. Die Post beschäftigt ein ganzes Heer von Beamten und stellt andererseits eine beträchtliche Einnahmequelle für die Regierung dar.

Briefe werden frankiert (oder freigemacht). Wenn es sich um größere Mengen oder um Briefmarkenhefte handelt, so bekommt man die Briefmarken im Postamt am Schalter mit der Aufschrift „Postwertzeichen". Sonst wird man gebeten, die Automaten zu benützen, die nicht nur Briefmarken, sondern auch frankierte Briefe, Postkarten und Wechselgeld liefern.

Es gibt in Deutschland eine Postsparkasse, und man kann außerdem mit Postscheck zahlen, das heißt, man kann von einem Postscheckkonto nicht nur Bargeld abheben (und selbstverständlich auch einzahlen), sondern jeder Kontoinhaber kann auf Verlangen ein Scheckbuch bekommen. Die meisten Firmen in Deutschland haben Postscheckkonten und Zahlungen können durch Überweisungen ganz einfach erledigt werden. Das System ist dem britischen Giro ähnlich.

Man kann außerdem Geld auch durch die Post überweisen lassen. In diesem Fall wird ein Formular für die Geldanweisung ausgefüllt, das Geld wird am Schalter eingezahlt und dann auf ein anderes Konto oder telegrafisch an das entsprechende Postamt überwiesen, wo ein Geldbriefträger den entsprechenden Betrag austrägt. Das Geld kann auch am Postamt abgehoben werden.

In Deutschland wird die Post in den Großstädten zweimal am Tag ausgetragen, sonnabends nur einmal. Briefkasten werden drei– oder viermal am Tage geleert. In den Bahnhöfen, Flughäfen und Hauptpostämtern gibt es auch besondere Luftpost-Briefkasten, die blau angemalt sind. Für Luftpostbriefe (nach Übersee) wird ein Zuschlag erhoben.

Absender:

Für Vermerke des Absenders

Postanweisung
(Mit Schreibmaschine, Tinte oder Kugelschreiber deutlich ausfüllen)

Empfängerabschnitt
DM | Pf

DM | Pf | (DM-Betrag in Buchstaben wiederholen)

Einlieferungsschein
– Bitte sorgfältig aufbewahren –
DM | Pf

Absender (mit Postleitzahl)

Empfänger

Empfänger

(Postfach oder Straße und Hausnummer)

Verwendungszweck

(Postleitzahl) (Bestimmungsort)

Postvermerk

Postvermerk

W & W 5. 75 / 6543
210×105.8. Kl. 3171

+ P 6
PostO Anl. 13

Verzögerungsvermerke

Deutsche Bundespost

Telegramm
Bezeichnung der Aufgabe-TSt

Aufgabe-Nr. | Wortzahl | Aufgabetag | Uhrzeit

aus

Datum | Uhrzeit

Die stark umrahmten Teile sind vom Absender auszufüllen. Bitte Rückseite beachten.

Via/Leitweg | Dienstvermerke

Datum | Uhrzeit

Empfangen
Platz | Namenszeichen

Name des Empfängers

Gesendet
Platz | Namenszeichen

Empfangen von

Straße, Hausnummer usw.

Leitvermerk

Bestimmungsort – Bestimmungs-TSt

Wortgebühren _____ DM _____ Pf

_____ Wörter geändert _____

Absender (Name und Anschrift, ggf. Ortsnetzkennzahl und Fernsprechrufnummer; diese Angaben werden nicht mittelegrafiert)

Sonstige Gebühren _____ DM _____ Pf

_____ Wörter gestrichen _____

Zusammen _____ DM _____ Pf

_____ Wörter hinzugesetzt _____

Angenommen _____

Auf ungenügende Anschrift/ Dienstschluß hingewiesen _____

W&W 9.74 / 65432
DIN A 5, Kl. 78 m

+ FT 200
Vf. 1 Anl. 1

22

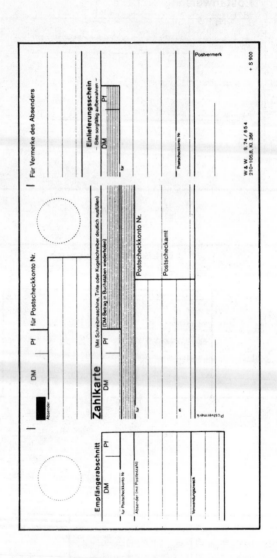

Zahlkarte

Empfängerabschnitt

Einlieferungsschein

Postvermerk

Einlieferungsschein - Sorgfältig aufbewahren -

Bitte diesen Schein sorgfältig aufbewahren und bei Reklamation dem Postamt vorlegen.

Attenzione! Questo tagliando deve essere conservato accuratamente per poterlo presentare in caso di reclamo.

Atención! Por favor, guarden este resguardo cuidadosamente para poder presentarlo en caso de reclamación.

PAŽNJA! Molim odrezak brižljivo sačuvati i prilikom žalbe pokazati poštanskom uredu.

DIKKAT! Lütfen bu belgeyi itina ile muhafaza edip itirazınızı gerektiren hallerde posta subesine ibraz ediniz!

Name des Empfängers	Eingezahlter Betrag		
		DM	Pf
Straße und Nr.			
	Nr. der Postanweisung/Tag/Postamt		
Bestimmungsort			
Bestimmungsland			

Prüfabschnitt

Name und Anschrift des Absenders

Bestimmungsland der Postanweisung

Eingezahlter Betrag		
	DM	Pf
Nr. der Postanweisung/Tag/Postamt		

Postvermerk

Empfängerabschnitt

Coupon

(Kann vom Empfänger abgetrennt werden/Peut être détaché par le bénéficiaire)

Betrag in arabischen Ziffern
Montant en chiffres arabes

Name und Anschrift des Absenders
Nom et adresse de l'expéditeur

Deutsche Bundespost

Administration des postes d'Allemagne, Rép. féd. d'

Auslandspostanweisung
Mandat de poste international   MP 1

Betrag in arabischen Ziffern
Montant en chiffres arabes

Angaben in Druckbuchstaben oder Maschinenschrift

1) Von der auszahlenden Verwaltung einzutragen, wenn sie die Umrechnung vornimmt / A porter par l'Administration de paiement lorsqu'elle opère la conversion

Umrechnungskurs
Cours du change 1)

Gezahlter Betrag
Somme payée

Betrag in Buchstaben und in lateinischer Schrift / Montant en toutes lettres et en caractères latins

Name des Empfängers/Nom du bénéficiaire

Straße und Nr./Rue et n°

Bestimmungsort / Lieu de destination

Bestimmungsland / Pays de destination

Nr. der Postanweisung/N° du mandat, Tag/Date, Postamt/Bureau

Vermerke des Einlieferungsamts / Indications du bureau d'émission

Stempel des Einlieferungsamts
Timbre du bureau d'émission

Eingezahlter Betrag/Somme versée		
	DM	Pf
Namenszeichen des Annahmebeamten/Signature de l'agent		

// A 400

Stempel des Einlieferungsamts
Timbre du bureau d'émission

A 5. Kl. 317H

🌐 L- 76 / 654321

Einzahlungsschein

Vom Sparer deutlich auszufüllen		

Postsparbuch Nr.

Guthaben im Postsparbuch

DM | Pf

Vor- und Zuname des Sparers

Einzahlung +

Postvermerk

Neues Guthaben

Besonderes

(Unterschrift des Beamten)

W & W   12.71 / 6 5 4 3
DIN A 6. Kl. 28

+ Spk 15

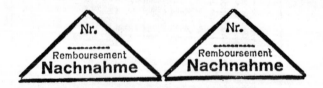

II. TEIL. DER GESCHÄFTSBRIEF

Allgemeines über den Geschäftsbrief

Millionen von Privat- und Geschäftsbriefen werden täglich geschrieben. Jeder Brief muß ein bestimmtes *Format* und oft einen gewissen Stil haben. *Geschäftshäuser* haben meistens *vorgedrucktes Briefpapier.* Im *Briefkopf* sehen wir die folgenden Einzelheiten: den Namen und *die Anschrift (die Adresse)* der *Firma* oder der *Unternehmung, die Telefonnummer, die Telegrammanschrift, die Postschließfachnummer,* die Nummer des *Postscheckkontos* und manchmal auch Bankkonten, z.B.:

Fernsprecher: Köln 35 64 23. Telegrammanschrift: Papierköln Postfach Nr. 537b Köln-Hauptpostamt. Bank: Deutsche Bank. Postscheckkonto: Nr. Köln 267 154. Fernschreib-Nr.: 5-6894.

Jetzt kommen wir zum Brief selbst. *Das Datum* wird wie folgt geschrieben:

den 15. Mai 19 . .   oder
    15. Mai 19 . .   oder einfach
    15.5.78

Das Datum muß immer angegeben werden.

Beispiele der Anschrift (oder der Adresse) des *Empfängers:*

1) BRIEFE AN PERSONEN: Herrn Otto Schmidt
                       Frau Gertrud Braun
                       Fräulein Annemarie Weiß

Sehr viele Deutsche haben akademische Titel, die wie folgt angegeben werden müssen:

Herrn Dr. O. Schmidt
Frau Professor G. Braun
Frl. Studienrat A. Weiß

Solche Titel dürfen im Deutschen nicht ausgelassen werden.

2) BRIEFE AN FIRMEN ODER GESCHÄFTSHÄUSER:

a) An die Dresdner Bank (Akkusativ)
b) An das Norddeutsche Elektrizitätswerk
c) An die Berliner Wollfabriken AG
d) Firma Gebr. Weber GmbH (die Abkürzung für
   Gebrüder steht immer vor dem Namen)
e) Herren Becker & Obermeyer, Buchhändler (Plural)

BEISPIELE DER ADRESSE:

An die Dresdner Bank	An die Berliner Wollfabriken AG
Langestr. 8	Breite Allee 123
5300 BONN-RHEIN	1000 BERLIN-CHARLOTTENBURG

Firma Gebrüder Weber GmbH
Kaiserplatz 8

8000 MÜNCHEN

Wie in England sind die Großstädte in Deutschland in *Postbezirke* unterteilt und diese werden entweder mit Ziffern oder mit Buchstaben bezeichnet, z.B. Berlin W. oder München 27. In Deutschland gibt es wie anderswo auch die *Postleitzahlen*; diese teilen die gesamte Bundesrepublik in Postbezirke ein. Hier sind einige Beispiele für die größeren Städte:

1000 Berlin	4000 Düsseldorf	7000 Stuttgart
2000 Hamburg	5000 Köln	8000 München
3000 Hannover	6000 Frankfurt	

Dann kommt im deutschen Geschäftsbrief normalerweise das Thema des *Schreibens* wie z.B.

Betreff: Ihre *Bestellung* Nr . . .   oder
Betr: *Lieferverzögerung.*

Wenn „betreff" in einer Überschrift erscheint, folgt der Nominativ, in allen anderen Fällen der Genitiv (z.B. betreffs Ihrer *Beschwerde* müssen wir Ihnen *mitteilen,* daß . . .)

Und nun kommen wir zur *Anrede*; diese fällt im Falle von Firmen sehr oft weg, und wir fangen sofort mit unserem Brief an. Wenn jedoch eine Anrede verwendet wird, vor allem wenn wir an eine bestimmte Person schreiben, so ist die richtige Form wie folgt:

1) BRIEFE AN PERSONEN:

Sehr geehrter Herr Schmidt , (oder: Lieber Herr Schmidt,
wenn wir Herrn Schmidt
persönlich gut kennen).
Sehr geehrte Frau Braun , (oder: Liebe Frau Braun).
Sehr geehrtes Fräulein Weiß , (oder: Liebes Fräulein
Weiß).
Sehr verehrte gnädige Frau , (wenn der Name nicht
bekannt ist).

mit Titel:

Sehr geehrter Herr Doktor ,
Sehr geehrte Frau Professor,
Sehr geehrtes Fräulein Studienrat!
Sehr geehrter Baron Halle!
Verehrte Frau von Schmittern,

Nach der Anrede steht ein Komma, manchmal auch ein Ausrufezeichen.

2) BRIEFE AN FIRMEN ODER BEHÖRDEN:

Die Anrede ist hier überflüssig. Man kann den Brief aber auch wie folgt beginnen:
Sehr geehrte Herren,

Nach der Anrede kommt der Brief selbst; Briefbeispiele finden Sie in den folgenden Kapiteln.

Jetzt noch ein paar Worte über *die Schlußformel.* Diese ist wie die Anrede auch verschieden:

1) BRIEFE AN PERSONEN:

Mit bestem Gruß! oder mit freundlichen Grüßen
und dann entweder Ihr (mask.) oder Dein (mask.)
Ihre (fem.) Deine (fem.)
(wenn man Sie sagt) (wenn man Du sagt)

Die Personal- und Possessiv-Pronomina der 2. Person werden in
Briefen immer mit großen Anfangsbuchstaben geschrieben.

2) BRIEFE AN FIRMEN:

Die gebräuchlichste Schlußformel im Geschäftsbrief ist:
Hochachtungsvoll! oder Hochachtend

Man sieht auch manchmal „mit vorzüglicher Hochachtung!"
Nach der Schlußformel steht *die Unterschrift.*
Vor der Schlußformel können die folgenden Verben stehen:

wir verbleiben ⎫ hochachtungsvoll
wir empfehlen uns ⎬ *oder*
wir zeichnen ⎭ mit vorzüglicher Hochachtung

Wenn wir dem Geschäftsbrief etwas *beilegen,* so müssen wir
dies im Brief selbst angeben. In großen Firmen werden die
Briefe oft in einer getrennten *Postabteilung* von jungen *Angestellten* gefaltet, in die *Umschläge* gesteckt und *frankiert,* und in
solchen Fällen ist es natürlich wichtig, daß man sofort sehen
kann, ob der Brief eine *Anlage* hat. Wir schreiben also links unten
entweder „Anlage" oder „Beilage" oder „3 Einlagen" oder auch
abgekürzt „Anl.", „Beil." oder „Einl."
Auf dem Umschlag sind häufig noch weitere Einzelheiten
anzugeben, wie z.B.

Persönlich	*Pauschalfrankiert*
mit Luftpost	*Einschreiben*
Eilpost	*Muster ohne Wert*
Drucksache	*Bitte nachsenden*
Vertraulich	*Per Nachnahme*
gegen Rückschein	*eigenhändig*
zu Händen von	*postlagernd*

Die Adresse auf dem Umschlag wird genauso geschrieben wie im Brief selbst.
Der Name und die Adresse des Absenders stehen hinten auf dem Umschlag: Abs.: B. Harzer, Elisabethstr. 2/11, Frankfurt/Main

Firma Kornberger & Hauser

Prinzenstraße 57

6300 Mannheim 5

Briefbeispiele und Aufgaben

Anfragen und Angebote

Firma Pohle & Sohn   14. April 19 . .
Hohenberger Straße 35

6300 MANNHEIM

Betr.: Strickwolle für Export nach Südamerika

Wie Sie bereits wissen, machen wir *laufend* Geschäfte mit Südamerika. Wir haben nun während der letzten Monate verschiedene Male Anfragen auf Strickwolle von unserer dortigen *Vertretung* erhalten.

Wir wären Ihnen deshalb äußerst dankbar, wenn Sie uns Ihre *Preisliste* nebst *Mustern* möglichst bald zusenden würden. Wenn Sie *Reklamematerial* auf spanisch *verfügbar* hätten, so wäre uns dies selbstverständlich besonders angenehm.

Wir bitten Sie, uns die Preise *frei Hafen* Hamburg anzugeben, *einschließlich Versicherung* und *seemäßiger Verpackung*. Außerdem verlangt unser Kunde auch die genaue Angabe des *Liefertermins*.

Wir hoffen, Ihr *Angebot umgehend* zu erhalten und zeichnen

               hochachtungsvoll!
               ARNSTEIN & BONNEKAMP

               gez. Bonnekamp
               Export-*Abteilung*

Herren Arnstein & Bonnekamp   18. April 19..
An der Alsterbrücke 16

2000 HAMBURG

Betr. Strickwolle für Export nach Südamerika

Sehr geehrter Herr Bonnekamp!

Besten Dank für Ihre freundliche Anfrage auf unsere Strickwolle. In der Anlage finden Sie unsere spanische Preisliste, in
der wir unsere heutigen Preise in DM angegeben haben. Alle
Preise sind für Lieferung frei Hamburger Hafen *berechnet,* und
es versteht sich von selbst, daß die Waren in *seefester* Verpackung
zum Versand kämen.

Was die *Lieferfrist* anbetrifft, so kann der Versand innerhalb
zwei Wochen nach *Auftragsempfang stattfinden.*

Spanisches Werbematerial geht Ihnen mit getrennter Post zu.

Wir hoffen, Ihnen mit der obigen *Auskunft* gedient zu haben
und sehen Ihren *werten* Aufträgen gern entgegen.

Hochachtungsvoll
POHLE & SOHN

Prokurist

Anlage: Preisliste.

An die Süddeutsche Schuhwarenfabrik AG   3. März 19..
Badener Gasse 15

8900 AUGSBURG

Zu Händen von Herrn *Dipl.Ing.* Seehauser

Lieber Herr Ingenieur,

ich *bedauere* außerordentlich, Sie bereits heute schon wieder
mit einer Anfrage *bemühen* zu müssen.

Unser *Vorrat* an *Gummistiefeln* für Kinder geht wegen der
Fortdauer der nassen Witterung rasch zu Ende, und ich möchte
deshalb heute anfragen, ob es Ihnen möglich wäre, uns vor Ende
dieses Monats eine weitere Lieferung zukommen zu lassen.

Es handelt sich vor allem um die Größen 28 bis 38; einige

dieser Größen sind bereits vollständig *ausverkauft,* und wir brauchen *dringend* neue Vorräte in der *Qualität „*PRIMA*".* Bitte schicken Sie mir *postwendend* Ihr heutiges Angebot für zwölf *Dutzend* Paar in jeder Größe und geben Sie mir gleichzeitig die *kürzeste Lieferzeit* an.

Ich danke Ihnen *im voraus* für Ihre prompte *Erledigung* und empfehle mich

mit freundlichem Gruß

Ihr

gez. Hans Holzer

Herrn Hans Holzer   15. März 19..
Schuhgeschäft am Ring

8730 BAD KISSINGEN

Betr.: Ihre Anfrage vom 3. d.M.

Lieber Herr Holzer!

Bei meiner Rückkehr von einer Geschäftsreise in der Schweiz fand ich gestern Ihre obige Anfrage auf meinem Schreibtisch und bitte Sie für die *Verzögerung* in der *Beantwortung* vielmals *um Entschuldigung.*

Sie haben inzwischen bestimmt mein *gestriges* Telegramm erhalten, Inhalt *wie folgt*:

„GUMMISTIEFEL ACHTHUNDERT DM PRO GROS LIEFERUNG SOFORT."

Ich erwarte nun Ihre *drahtliche Bestellung.*

Sie werden ersehen, daß der Preis seit unserer letzten Lieferung etwas *gestiegen* ist, dies ist aber wegen der *erhöhten Arbeitskosten unvermeidlich.*

Ich werde Anfang Mai geschäftlich in Bad Kissingen sein und werde selbstverständlich bei Ihnen *vorsprechen.*

Inzwischen begrüße ich Sie.

Ihr

(gez.) Fritz Seehauser

An die Maschinenfabrik Krauß   18. November 19 . .
Kaiserstraße 94

4300 ESSEN

Zu Händen von Herrn Dipl. Ing. Langemann, Exportabteilung

Vor zwei Jahren lieferten Sie uns sechs Motoren Typ HS/340, die in unserer Fabrik in Manchester dauernd verwendet werden.

Wir haben die Absicht Anfang nächsten Jahres ein neues Werk in Sheffield zu eröffnen und brauchen dort vier weitere Motoren derselben Art.

Bitte teilen Sie uns möglichst bald mit, ob Sie uns diese Motoren noch zum gleichen Preis liefern können und ob dieselben eventuell Mitte Februar *versandbereit* wären. Die Preisstellung erbitten wir frei Lieferung Sheffield, einschließlich Verpackung und aller anderen Unkosten.

Wir würden uns sehr freuen, wenn wir unsere frühere Geschäftsverbindung mit Ihrem Hause wieder *anknüpfen* könnten und hoffen recht bald in dieser Angelegenheit von Ihnen zu hören.

Hochachtungsvoll
INDUSTRIAL IMPORTS

Geschäftsführer

Aufgabe 1.

Übersetzen Sie folgenden Brief ins Deutsche:

Messrs. Baldwin & Paterson,   15th August 19 . .
43 Broad Street,
Bradford, Yorks.

Dear Sirs,

We are enclosing a pattern of worsted as supplied by you about three years ago.

Please let us have your current quotation for this material. We require three hundred metres in about two months' time and shall be glad to know whether you will be able to deliver this quantity within that period.

All prices should be for delivery free German frontier. We look forward to hearing from you and remain,

Yours faithfully,

Enc.   Chief Buyer

Aufgabe 2.

Write a suitable reply to the above letter to:

Mode-Kaufhaus,
Einkaufsabteilung,
Breite Gasse 10,
Cologne.

Aufgabe 3.

Übersetzen Sie den folgenden Brief ins Deutsche:

Messrs. Beeching Bros. Ltd.   15th May 19 . .
Factory Lane,
Birmingham.

Dear Sirs,

We understand from our London representative that you are the manufacturers of the well-known "Stirling" calculating machines. We require ten adding machines for our head office and shall be glad to receive your lowest prices for this quantity. We should also like to know whether your firm grants any discount to banks.

The machines are required for delivery by 1st August as we are opening a new department on that day. Please let us know by return of post whether you would be interested in such an order. Should your prices be satisfactory and should your quotation result in an order, delivery could be effected through our London representative.

We hope to hear from you shortly.

Yours faithfully,
DEUTSCHE BANK

Head Office

Bestellungen und Rückfragen

Herren Richter & Bauer   10. Januar 19..
Leipziger Straße 15
GÖRLITZ

Sehr geehrte Herren!

Wir *kommen* auf Ihre *Preisstellung* vom 15. November letzten
Jahres *zurück* und freuen uns, Ihnen heute die folgende
Bestellung *übermitteln* zu können:

15 elektrische Nähmaschinen, Typ GS zum Preise von je
Mark 650.–für Lieferung innerhalb von drei Wochen, frei
belgische Grenze.

Wir bitten Sie um prompte *Auftragsbestätigung* und verbleiben

hochachtungsvoll

Firma Schneider & Söhne   12. Januar 19..
BRÜSSEL

Betr. Ihr Auftrag vom 10. d.M.

Wir danken Ihnen bestens für Ihre *obenerwähnte* Bestellung,
die wir hiermit bestätigen. Seit unserem Angebot vom 15.
November letzten Jahres, auf das Sie sich *beziehen,* sind unsere
Preise leider etwas *gestiegen* und die Nähmaschinen kosten
jetzt Mark 680. – *pro Stück.* Diese *Preissteigerung* ist auf die
allgemeine Erhöhung der Arbeitskosten *zurückzuführen,* und
wir müssen Sie daher bitten, den neuen Preis zu bestätigen, bevor
wir Ihren werten Auftrag ausführen können.

Wir *sehen* Ihrer *diesbezüglichen Rückäußerung* gern *entgegen*
und zeichnen

hochachtungsvoll

An die Olympia Fahrradwerke AG   19. Februar 19..
Postfach 397

3500 KASSEL

EXPORT-ABTEILUNG

Wir beziehen uns auf Ihre Offerte vom 20. Januar und hatten
inzwischen die Gelegenheit, Ihr Angebot mit denen der *Konkurrenz* zu *vergleichen.*

Wir sind jetzt in der Lage, Ihnen die folgende *Probebestellung*
erteilen zu können:

Drei Damen-Fahrräder, verchromt mit braunem Sattel *zu*
DM 550.–
Drei Herren-Fahrräder, gleiche Ausführung *zu* DM 625.–

Wir hoffen, daß Sie uns diese Räder innerhalb der nächsten
Woche *per Bahn zukommen* lassen können und, wenn die *Ausführung*, wie wir bestimmt hoffen, *zufriedenstellend* ist, werden
größere Bestellungen folgen.

Wie wir Ihnen bereits *mitgeteilt* haben, *benötigen* wir diese
Waren zum Export nach Süd-Amerika und wir müssen ganz
sicher sein, daß nur erstklassige Fahrräder *zur Auslieferung*
kommen.

Hochachtungsvoll

An die Amerika-Export Vertretung   21. Februar 19..
Hamburger Allee 38

2800 BREMEN

Abteilung Süd-Amerika

Wir erhalten soeben Ihre werte Bestellung vom 19. d.M., für
die wir Ihnen bestens danken. Die Preise in unserem Angebot
vom 20. Januar bezogen sich auf Mengen von mindestens
zwanzig Fahrrädern jeder Größe und für die drei Fahrräder
jedes Modells, die Sie jetzt bestellen, erhöht sich der Einzelpreis
wie folgt:

Damen-Fahrräder *Einzelpreis*: DM 650 – ⎱ für Lieferung
Herren-Fahrräder Einzelpreis: DM 720 – ⎰ *frei Haus.*

Wir bitten Sie um Ihre diesbezügliche Bestätigung und
versichern Ihnen bereits heute, daß alle weiteren Aufträge mit
größter *Sorgfalt* ausgeführt werden.

Hochachtungsvoll

An die Maschinenfabrik Krauß   15. Januar 19..
Exportabteilung
Kaiserstraße 94

4300 ESSEN

Sehr geehrter Herr Diplom-Ingenieur,

wir bedauern die Verzögerung in der Beantwortung Ihres
Angebotes vom 26. November letzten Jahres. Unser Büro war
über Weihnachten und Neujahr auf zehn Tage geschlossen und
wir können daher erst heute auf Ihre *Offerte* zurückkommen.

Wir danken Ihnen, daß Sie sich bereit erklärt haben, uns die
vier Motoren Typ HS/340 zum alten Preis zu liefern und wir
sind Ihnen für Ihr *Entgegenkommen verpflichtet.*

Es freut uns heute 8 Motoren des gleichen Typs bei Ihnen
für Lieferung nach Sheffield bis spätestens 1. März zu bestellen.
Wir hoffen, daß Sie diesen Liefertermin bestimmt einhalten
können, da unsere neue Fabrik den Betrieb am 10. März
aufnehmen soll, sodaß die Maschinen vor diesem Datum
installiert sein müssen.

Wir wären Ihnen daher besonders dankbar, wenn Sie die
obige Bestellung baldigst bestätigen würden.

Mit freundlichem Gruß
Ihr

(Unterschrift)
Geschäftsführer

Anlage: *Bestellschein* Nr. 14539

Aufgabe 1.

Übersetzen Sie folgenden Brief ins Deutsche:

Messrs. Schwarzenberger & Co.   25th January 19 . .
P.O. Box 367

6800 MANNHEIM

Dear Sirs,

We refer to your order of the 15th instant and *regret* to inform you that at present we are not able to obtain the necessary *raw materials* to execute this. The *demand* for these goods is so great at the moment that all our *reserve stock* has been *used up*.

Our factory is working *overtime* to keep up-to-date with orders. We cannot therefore promise to despatch your order before the 10th of next month and hope that this will be *convenient* to you.

Yours faithfully,

Aufgabe 2.

Compose a letter in reply explaining that you are very surprised to receive this news in view of the fact that delivery had definitely been promised within four weeks and that unless they can keep the date stipulated, the order is cancelled.

Aufgabe 3.

Übersetzen Sie folgenden Brief ins Deutsche:

The Secretary,   19th January 19 . .
Industrial Imports Ltd.
4 Factory Lane, Manchester.

Dear Mr. Clarke,

Your order No. 14539 for 8 Motors, type HS/340

Thank you for your order of 15th January. Unfortunately we
have to inform you that although we quoted the old price of £76
per motor in our letter of November 26th last, we can no longer
deliver these machines at that figure, as all our prices were
increased by a further 10 per cent on January 1st of this year,
so that three increases have taken place since your first order in
1972.

However, as we should very much like to take up our previous
friendly business relations with your firm again, we are willing
to supply the above motors at the old prices plus a 5 per cent
increase instead of the 10 per cent. It is a pity that you did not
place your order before January 1st, as this would have saved
you a considerable amount of money.

If you wish to take advantage of the special price quoted
above, we must insist that you send us your order within ten days
from the date of this letter.

Furthermore, if your order should arrive after February 3rd
we shall not be in a position to deliver the motors by 1st March
as specified by you.

We look forward to your confirmation by return of post.

> Yours faithfully,
> MASCHINENFABRIK KRAUSS,
>
> Export Manager.

Lieferungen und Rechnungen

An die Schreibwaren-Handlung Richter   3. März 19 . .
Am Großen Markt

8500 NÜRNBERG

Sehr geehrter Herr Richter!

Wir *bitten* vielmals *um Entschuldigung*, daß Ihr Auftrag auf
5 Gros Kugelschreiber erst heute *zur Auslieferung* kommt. Die
Verzögerung ist auf den *Streik* in unserer Fabrik zurückzuführen,
der erst letzte Woche *beigelegt* werden konnte. Unsere *Belegschaft*
arbeitet erst seit Montag vormittag wieder normal.

Die Kugelschreiber werden per Express an Sie verladen.

Wir gestatten uns, Ihnen in der Anlage unsere Rechnung in
doppelter Ausführung zu überreichen und sehen Ihren zukünftigen
Bestellungen gern entgegen.

                              Mit vorzüglicher Hochachtung!

Anlage.   Abteilungschef

RECHNUNG

An die Schreibwaren-Handlung Richter
Am Großen Markt

8500 NÜRNBERG

Drei *Gros* Kugelschreiber (schwarz)
   Qualität QS zu DM 20. – pro Gros   DM 60. –
Zwei Gros Kugelschreiber (dunkelrot und grau)
   Spezialausführung zu DM 50. – pro Gr.   100. –

                                   DM 160. –
                 Fracht und Verpackung   6.75

                     Gesamtbetrag   DM 166.75

2% *Kassenskonto* für Zahlung
   innerhalb von 14 Tagen

An die Speditionsfirma „Europa"   15. Juni 19 . .

5100 AACHEN

Betr. Lieferung an die Fahrradfabrik Essen Ihr Zeichen:
1534/FE.

Unser *obengenannter* Kunde teilte uns am 10. Juni mit, daß er
Ihnen am gleichen Datum *Ablichtung* seiner Bestellung vom 7.
Juni auf 25 Fahrräder mit genauen *Anweisungen* für deren
Beförderung sandte.

Wir geben Ihnen heute bekannt, daß die 25 Fahrräder vor-
gestern per Schiff in Dover verladen wurden und voraussichtlich
am 20. Juni bei der *Zollbehörde* in Aachen eintreffen werden.

Wir wären Ihnen dankbar, wenn Sie diese Waren, wie *vereinbart*, *verzollen* und an unseren *Abnehmer* weiterbefördern
würden. Unser Kunde braucht diese Fahrräder dringend, und
wir wären Ihnen deshalb für eine prompte Erledigung sehr
verbunden.

Abschriften des *Frachtbriefes* und der Rechnung liegen bei.

                    Hochachtungsvoll
Anlagen: Frachtbrief und Rechnung

RECHNUNG

An die Einkaufs-Abteilung   13. Juni 19 . .
Fahrradfabrik Essen

4300 ESSEN

25 verchromte Herren-Fahrräder
    zu DM 170   DM 15,625. –
    Versicherung 10 %   1,560. –
    Transport bis Aachen   500. –

                              DM 17,685.

Wie vereinbart haben wir die Speditions-Firma
„Europa" mit dem Weitertransport von
Aachen und mit der Verzollung *beauftragt.*
                    Zahlbar bei Empfang der Waren

Firma Schreiber & Sohn AG   18. Oktober 19 . .
Büromaterialien
Am Hauptmarkt

7107 NECKARSULM

Betr. Bestellung Nr. A/345

Sehr geehrter Herr Schreiber,

wir danken Ihnen für Ihren Brief vom 17. d.M. und erlauben uns Ihnen mitzuteilen, daß wir unser Möglichstes tun, um die Lieferung der gegen obigen Auftrag bestellten Schreibtischlampen zu *beschleunigen*. Wir wissen selbstverständlich, daß der Versand schon vor vierzehn Tagen hätte stattfinden sollen, und wir bedauern diesen unvermeidlichen *Verzug*.

Vor drei Wochen brach in unserem Werk ein Feuer aus, und ein beträchtlicher Teil unserer Maschinen ist bis jetzt noch nicht *repariert*. Dieser Brand war die Ursache der Verzögerung im Versand, und wir können wegen der eingetretenen Verspätung nur um Entschuldigung bitten.

Die Waren werden bestimmt am 30. Oktober zur Absendung kommen, und wir können nur hoffen, daß Sie sich noch bis zu diesem Termin gedulden können. Falls Sie es jedoch vorziehen sollten, die Bestellung zu widerrufen, bitten wir um umgehende *Mitteilung*.

Wir hoffen, in Kürze von Ihnen zu hören, daß Sie die Schreibtischlampen am Ende des Monats noch annehmen können, und bitten nochmals um Entschuldigung für die Unannehmlichkeiten, die Ihnen die Verzögerung in der Lieferung verursacht hat.

Wir danken Ihnen im voraus für Ihr Entgegenkommen und zeichnen

            hochachtungsvoll

            Exportleiter

Aufgabe 1.

Übersetzen Sie folgenden Brief ins Deutsche:

Dr. C. F. Becker,   18th August 19..
Am Stachus 35

MUNICH

Dear Sir,

We refer to your visit to our shop during your recent holiday in London and we have pleasure in confirming that the books you ordered were despatched to you today by book post. We hope that they will reach you safely within a very short time.

Unfortunately the amount of DM 80. – which you paid at the time of ordering does not cover the full amount required and we shall be glad to receive the *balance* of DM 10. – shown on our invoice which we enclose herewith. If it is more convenient to you, it will be quite in order for you to pay this amount when next you visit England.

We look forward to further orders from you and remain

                       Yours truly,

Enc.

Aufgabe 2.

Draw up the covering invoice for six volumes *Complete Works of Milton* at DM 82. – plus postage and packing DM 8. –

Beschwerden

Firma Müller & Körner 3. Oktober 19 . .
Büromaschinen
Große Allee 120

4800 BIELEFELD

Betr. Bestellung auf *Vervielfältigungs-Apparate* vom 18. August

Sehr geehrte Herren,

wir beziehen uns auf unsere heutige telefonische Unter-
haltung, in der wir um *Auskunft* baten, wie es mit der Lieferung
der obigen Vervielfältigungs-Apparate steht. Den uns *in Aussicht
gestellten* telefonischen *Bescheid* haben wir leider nicht erhalten.

Es ist uns unverständlich, daß Sie uns die Lieferung sämtlicher
Maschinen am 10. vorigen Monats für Ende der Woche, also
bis zum 16. v.M. *zusagten,* und wir heute noch nicht einmal
einen Bescheid erhalten konnten, ob die Maschinen überhaupt
versandfertig sind.

Die *Dringlichkeit* der Lieferung haben wir Ihnen und Ihrem
Herrn Dir. Müller gegenüber wiederholt betont. Wenn wir uns
auf Ihre Lieferungsversprechen nicht besser verlassen können,
so dürfen Sie sich nicht wundern, wenn wir in Zukunft bei der
Konkurrenz bestellen.

Wir erwarten unter allen Umständen morgen, Freitag, 4.
Oktober Ihre telegrafische Auskunft, wann wir die *rück-
ständigen* Maschinen erhalten werden.

Hochachtungsvoll

Prokurist

Telegrafische Antwort

„RHEINISCHE BANK KÖLN
BEDAUERN VERZÖGERUNG STOP LIEFERUNG
MONTAG GARANTIERT MÜLLER"

6. September 19 . .

An die GLORIA Strumpfwaren-Fabrik GmbH
Badener Allee 53

7500 KARLSRUHE

Betr. Unsere Bestellung Nr. 237 vom 10. Juli d. J. Ihr Zeichen: KS

Wir erhalten soeben die 20 Dutzend Perlon-Strümpfe in
Erledigung unseres obigen Auftrags. Wir danken Ihnen für
diese Lieferung, auf die wir, wie Ihnen bekannt sein dürfte,
zwei Monate lang gewartet haben.

Umso erstaunter sind wir, beim Öffnen der Pakete zu finden,
daß Sie uns teilweise die falschen Größen und Farbtöne geschickt
haben. Wir weisen Sie auf unsere *ursprüngliche* Bestellung
zurück und *machen Sie darauf aufmerksam*, daß Sie uns anstatt
der bestellten 2 Dutzend Größe 10, anderthalb Dutzend Größe
10½ geliefert haben. Außerdem sind die 5 Dutzend Strümpfe
der Größe 9 alle im gleichen Farbton, während wir doch drei
verschiedene Farbtöne *in Auftrag gestellt* haben.

Nachdem unsere Strumpfabteilung jetzt bereits seit fast zwei
Monaten auf diese Waren wartet, ist diese weitere Verzögerung
umso unangenehmer.

Wir lassen Ihnen die falschen Strümpfe, für die wir leider
keine Verwendung haben, mit gleicher Post zugehen und
müssen Sie um eine umgehende *Ersatzlieferung* ersuchen. Bitte
drahten Sie uns sofort bei Erhalt dieses Briefes, wann wir die
Ersatzlieferung erwarten können.

Wir geben der Hoffnung Ausdruck, daß solche Irrtümer bei
unseren anderen *offenstehenden* Aufträgen nicht wieder vorkommen werden und verbleiben

hochachtungsvoll

5. September 19 . .

Firma Huber Hochländer & Söhne,
Oberfeldstraße 18

6450 HANAU

Betr.: Unser Auftrag Nr. 57/64 auf 25 Schreibmaschinen

Wir danken Ihnen für Ihren Brief vom 1. September, dem Ihre Rechnung Nr. 79632 für die obige Lieferung beilag. Inzwischen sind auch die 25 Schreibmaschinen bei uns eingetroffen und wir mußten zu unserem Erstaunen feststellen, daß alle Maschinen eine französische Tastatur haben. In diesem Zusammenhang verweisen wir Sie auf unseren *Auftragschein* Nr. 57/64 vom 2. August, auf dem ganz klar angegeben war „15 Schreibmaschinen mit internationaler und 10 Schreibmaschinen mit französischer Tastatur".

Diese falsche Lieferung ist für uns sehr unangenehm, da wir verschiedene Kunden haben, die auf Maschinen mit internationaler Tastatur warten. Wir wären Ihnen daher für eine sofortige Untersuchung dieser Angelegenheit dankbar und bitten Sie, uns umgehend mitzuteilen, wie dieser Irrtum schnellstens richtiggestellt werden kann. Wir möchten Sie auch darauf aufmerksam machen, daß Ihr Konto mit allen Fracht-und Versicherungskosten belastet werden muß, wenn die falschen Maschinen nach Deutschland zurückgeschickt werden sollen.

Wir bitten um Ihre postwendende Rückäußerung und empfehlen uns

hochachtungsvoll
BRITISH OFFICE SUPPLIES

General Manager

Aufgabe 1.

Write a suitable reply to the letter on page 46, apologizing for
the wrong delivery and explaining politely that the errors were
due to illness amongst the regular staff in your packing department. Assure your customer that such errors will not recur and
that all outstanding orders will be delivered on time. Replace-
ments for the wrong stockings have been despatched by express
post and have no doubt arrived by now.

Aufgabe 2.

Messrs. Kelland & Hutchison,   15th September 19 . .
21 Piccadilly,
LONDON W.1.

Dear Sirs,

We acknowledge receipt of your letter of 10th September and
were sorry to learn that you have to complain about the packing
of the goods.

The *cameras* in question were packed in individual cardboard
boxes and the whole consignment was shipped in wooden
crates according to your instructions. We would refer you in this
connection to your letter of 18th August. We are therefore
extremely surprised to hear that some of the cameras arrived in
damaged condition.

No doubt, these cases were opened by the *customs authorities*
in Bremen and we should have thought that your forwarding
agent who was present then, would have seen to it that the
cameras were carefully re-packed. We must therefore assume
that the damage occurred after the cameras were cleared at the
Customs.

We can only suggest that you get in touch immediately with
your forwarding agent in Bremen and ask him to *investigate* the
matter. We have checked in our despatch department and the
manager of that department assures us that he was present when
the cameras left our premises and that everything had been done
to protect these very *fragile* goods. We now await your further
comments and remain,

Yours faithfully,

Aufgabe 3.

Draft a suitable telex in reply to the letter on page 47, apologizing for the error and explaining that a letter follows. (In as few words as possible, bearing in mind clarity.)

Aufgabe 4.

Übersetzen Sie folgenden Brief ins Deutsche:

The Manager,   10th September 19 . .
British Office Supplies Ltd.,
45 Midland Road,
Birmingham.

Dear Sir,

Your order No. 57/64 of 2.8

We were most dismayed to receive your letter of September 5th in which you told us about the wrong delivery against your above order. We can only apologize for this error which was due to an oversight in our packing department. The clerk in question has been severely reprimanded and we sincerely hope that such a mistake will not recur.

Meanwhile you have no doubt received our telex and we are pleased to inform you that fifteen typewriters with an international keyboard will be delivered to you tomorrow by special van from our Manchester warehouse. The driver will at the same time collect the fifteen machines not required. May we ask you to have these fifteen machines ready packed. We are, of course, willing to reimburse you for any expenses you may have incurred in this connection and shall be glad to hear from you about this point.

We can only hope that you will be able to explain this further delay to your clients and apologize again for any inconvenience caused.

Yours truly,

HUBER HOCHLÄNDER UND SÖHNE

Export Manager

Zahlungen und Mahnungen

An die Norddeutsche Kühlschrank AG   10. Oktober 19..
Lübecker Platz

2300 Kiel

Betr. Ihre Rechnung vom 2. Oktober

Wir *bestätigen* bestens dankend den Empfang Ihrer obenerwähnten Rechnung auf 35 *Kühlschränke* „EISKALT" und
bedauern hierüber eine *Rückfrage* stellen zu müssen.

Am 4. April dieses Jahres sandten Sie uns auf unsere Anfrage
eine Preisofferte, in der Sie diese Kühlschränke zu je DM 600. –
anboten. Unser Auftrag vom 8. August war auf diesem Angebot
basiert, und wir verstehen deshalb nicht, warum Sie diese
Kühlschränke nunmehr zu DM 650. – pro Stück *in Rechnung
stellen.*Wir haben heute DM 21000. – auf Ihr Postscheckkonto
Nr. 245679 in Kiel *überwiesen* und bitten um Ihre freundliche
Bestätigung, daß die obige Rechnung somit *beglichen* ist.

Hochachtungsvoll

Firma Gutmann & Oberndorfer   20. Oktober 19..
Kücheneinrichtungen
Am Hauptmarkt

8700 Würzburg a.M.

Buchhaltungsabteilung

Besten Dank für Ihr Schreiben vom 10. Oktober und Ihre
Überweisung von DM 21000. – auf unser hiesiges Postscheckkonto. Bezüglich des noch offenstehenden *Saldos* von DM 1750.–,
machen wir Sie darauf aufmerksam, daß unsere ursprüngliche Preisangabe vom 4. April, auf die Sie sich jetzt basieren,
nur für drei Monate *gültig* war. Infolge des dauernden *Ansteigens*
der Rohmaterialienkosten sind unsere Preise ab 15. Juli erhöht

worden und wir haben allen unseren Kunden diese Erhöhung in unserem *Rundschreiben* vom 10. Juli mitgeteilt.

Wir bitten Sie, die ganze Angelegenheit noch einmal zu überprüfen und sehen Ihrer weiteren Überweisung von DM 1 750. – gern entgegen. Stets zu Ihren Diensten zeichnen wir

hocnachtungsvoll

Firma Untermeyer & Söhne   3. Dezember 19..
Büromaschinen
8960 KEMPTEN im Allgäu

Sehr geehrter Herr Untermeyer,

es freut uns außerordentlich, Ihre weitere Bestellung für Schreibmaschinen zu erhalten und zu erfahren, daß Sie sich entschlossen haben, bei unserer Firma ein *Konto* zu *eröffnen*. Wir werden unser Bestes tun, die Schreibmaschinen so schnell wie möglich zur Lieferung zu bringen.

Was die Zahlung anbetrifft, so müssen wir leider darauf bestehen, daß alle Beträge, die bereits seit mehr als drei Monaten *ausstehen*, beglichen werden, bevor wir Ihr Konto bei uns eröffnen können. Außerdem möchten wir Sie auch bitten, uns zwei Bankreferenzen anzugeben.

Wir wären Ihnen dankbar, wenn Sie die Frage der ausstehenden Zahlungen mit Ihrer Buchhaltungsabteilung aufnehmen würden und uns Ihren Scheck möglichst bald zukommen ließen.

In Zukunft werden wir Ihnen monatliche *Kontoauszüge* zugehen lassen, und falls diese innerhalb von sieben Tagen bezahlt werden, gewähren wir einen Kassaskonto von 5%.

Mit freundlichen Grüßen

10. Dezember 19 . .

An die Express Schreibmaschinenwerke

4000 DÜSSELDORF

Zu Händen des Herrn Dipl. Ing. K. Bauer

Sehr geehrter Herr Diplom-Ingenieur,

besten Dank für Ihr freundliches Schreiben vom 3.d.M., in
dem Sie mich darauf aufmerksam machten, daß verschiedene
Zahlungen jetzt *überfällig* sind. Ich *versichere* Ihnen, daß diese
Rückstände auf ein *Versehen* in unserer Buchhaltungsabteilung
zurückzuführen sind. Herr Biermann, der Leiter dieser Abteilung, war sechs Wochen lang im Krankenhaus und ist erst seit
zwei Wochen wieder *im Dienst.* Dies erklärt die große Verspätung
in unserer Begleichung, und ich möchte Sie vielmals um Entschuldigung bitten.

In der Anlage finden Sie unseren Scheck über DM 10 385.–,
der unsere *Schulden* bei Ihnen ausgleicht, und ich bitte um
Ihre diesbezügliche *Gutschrift* und Bestätigung.

Als Bankreferenzen kann ich Ihnen die Deutsche Bank,
Filiale Kempten und die Diskontbank in Ulm aufgeben. Die
Direktoren dieser beiden Firmen sind gern bereit, Ihnen Weiteres
über unsere finanzielle Lage mitzuteilen.

Darf ich noch *der Hoffnung Ausdruck geben*, daß wir Sie
vielleicht bald wieder einmal in Kempten begrüßen dürfen.

       Mit bestem Gruß
       Ihr

Anlage.

Herrn Georg Braun   21. September 19. .
Vertretungen
Weserstraße 35

4600 DORTMUND

Sehr geehrter Herr Braun,

wir bestätigen bestens dankend den Empfang Ihres Schreibens
vom 13. September mit der *Teilzahlung* von DM 200. Unsere
Quittung finden Sie in der Anlage.

Wir nehmen zur Kenntnis, daß Sie selbst große Schwierigkeiten
haben, um ihre eigenen, *ausstehenden* Schulden einzuholen,
müssen Sie aber darauf aufmerksam machen, daß wir nicht
gewillt sind, weiterhin hierauf Rücksicht zu nehmen. Wir geben
zu, daß Sie uns von Zeit zu Zeit kleine Überweisungen zukommen
ließen, aber die von Ihnen ausstehende Summe ist während der
vergangenen zwölf Monate ständig gestiegen und beträgt jetzt
DM 4000.

Nachdem wir seit vielen Jahren mit Ihnen freundschaftliche
Geschäftsbeziehungen aufrechterhalten, möchten wir es, wenn
irgendmöglich, vermeiden, *gerichtlich* gegen Sie *vorgehen* zu
müssen. Wir müssen aber darauf bestehen, daß der offenstehende
Betrag durch regelmäßige, monatliche Teilzahlungen von je
DM 400 abgezahlt wird, sodaß die *Gesamtschuld* bis spätestens
August vollständig *getilgt* ist. Irgendwelche weiteren Lieferun-
gen werden nur gegen Barzahlung stattfinden, und wir bitten
Sie, diese Tatsache bei zukünftigen Aufträgen zu berücksich-
tigen.

Wir werden uns freuen, postwendend von Ihnen zu hören,
daß Sie mit den obigen Ausführungen einverstanden sind. Wenn
dies nicht der Fall ist, werden wir uns leider gezwungen sehen,
von weiteren Lieferungen abzusehen und die Angelegenheit
unserem *Anwalt* zu übergeben.

                          Mit freundlichem Gruß

Anlage: Quittung.

Aufgabe 1.

Übersetzen Sie den folgenden Brief ins Deutsche:

Firma Pöltzer AG   3rd February 19 . .
Museumsstraße 13

6700 LUDWIGSHAFEN

Dear Sirs,

Thank you for your order for fifty *vacuum cleaners* which we have received this morning through our agent in your district.

Before we can deliver these cleaners, we must point out that our invoices of last August still remain outstanding. We are referring to invoice No. 31 for DM 350. – and invoice No. 54 for DM 1 275. – No doubt, you have overlooked these amounts and we should be most grateful if you could let us have a cheque in settlement by return.

As soon as we have received payment for the August accounts, we shall despatch the new order which you have been kind enough to place with us. We also take this opportunity of enclosing our latest catalogue which has been translated into German for the convenience of our customers abroad.

We look forward to receiving further orders from you and remain

                              Yours faithfully,
Enc.

Aufgabe 2.

Firma Pöltzer AG   10th March 19 . .
Museumsstraße 13

6700 LUDWIGSHAFEN

Dear Sirs,

We refer to our letter of 3rd February and to your order for fifty vacuum cleaners which is awaiting delivery.

We are rather surprised that you have not bothered to reply to our letter. Our agent who called on you on 25th February reported to us that you were unable then to make any payment.

In view of the fact that these amounts have now been outstanding for more than six months, we are afraid that we must insist that you let us have at least *part payment* by return of post.

We shall also be glad to receive an explanation from you as to why there is this long delay.

We repeat that your latest order will be despatched as soon as we have received payment of the August invoices.

Yours faithfully,

Aufgabe 3.

Reply to the above letter and apologize for this delay. Explain that you are having difficulty in collecting outstanding amounts from your own customers and promise payment by the end of March. In the meantime you would be glad to receive the fifty vacuum cleaners ordered, payment for which will be made on receipt of the goods.

Zollschwierigkeiten

Firma Hamburger & Oberst GmbH   16. Dezember 19 ..
Friesland Straße 33

2400 LÜBECK

Sehr geehrte Herren!

Mit großem Bedauern entnehmen wir Ihrem Schreiben vom
12. d.M., daß Sie auf unsere letzte Lieferung eine *Zollstrafe
entrichten* mußten. Wir können wirklich nicht verstehen, worauf
dies zurückzuführen ist.

Sie wissen selbst, daß wir seit vielen Jahren Hüte aller Art nach
Deutschland importieren, und wir sind bis jetzt noch nie *auf*
derartige *Schwierigkeiten gestoßen*. Sie sagen in Ihrem Schreiben,
daß wir auf der Faktura nur die Quantitäten, aber nicht die
Größen angegeben haben und daß diese Tatsache vom *Zollamt
beanstandet* wurde. Wir können aber nur bestätigen, daß bis
jetzt noch nie eine Zollstrafe auf unsere Waren an der deutschen
Grenze erhoben worden ist.

Wie gewünscht, legen wir eine neue Rechnung mit genauer
Angabe der Quantitäten, Qualitäten und Größen in *dreifacher
Ausfertigung* bei und bitten um Weiterleitung des Originals an
die *Zollbehörde*, mit der Bitte die erhobene *Zollgebühr rück-
zuvergüten*.

Bitte halten Sie uns auf dem Laufenden, sodaß wir *eventuell*
von hier aus Schritte unternehmen können.

Wir sprechen nochmals unser Bedauern über diesen Vorfall
aus, können aber hierfür keinerlei Verantwortung übernehmen.
Wir hoffen, daß die Angelegenheit schnellstens *beigelegt* werden
kann.

Hochachtungsvoll

Anl.

Messrs. Charlton & Smithson Ltd.   28. Dezember 19 . .
43 Grosvenor Street,
LEEDS

Sehr geehrte Herren,

wir bestätigen bestens dankend Ihren Brief vom 16. Dezember
mit der beiliegenden, *revidierten* Rechnung für die Zollbehörde.

Wir hatten inzwischen Gelegenheit mit der Zollbehörde
Fühlung zu *nehmen* und die neue Rechnung mit der Bitte um
Vergütung der bezahlten Zollgebühr vorzulegen.

Bis jetzt ist es uns leider nicht gelungen, irgendwie vorwärts-
zukommen. Es wurde uns erklärt, daß am 1. Oktober dieses
Jahres neue *Verordnungen* in Kraft traten und daß seither ein
dreiprozentiger Zoll auf alle Bekleidungs-Importe zahlbar ist.
Es wurde uns außerdem mitgeteilt, daß diese neuen *Vorschriften*
seit dem 15. Juli bei allen deutschen Konsulaten im Ausland
vorliegen, so daß alle Importfirmen darüber unterrichtet waren.

Unter diesen Umständen müssen wir Sie ersuchen, uns die
Zollgebühren in Höhe von DM 83, 50 gutzuschreiben.

Wir bitten um diesbezügliche Bestätigung und empfehlen uns

                        hochachtungsvoll

Firma Hirsch & Gottschalk   2. Dezember 19 . .
Spedition
Lindwurmstraße 11

2800 BREMEN

Sehr geehrte Herren!

Das Dortmunder Spielwarengeschäft Heinz Becker hat uns
gebeten, uns mit Ihnen in Verbindung zu setzen. Man teilt uns
mit, daß Sie fast täglich am Bremer Zollamt zu tun haben, und

wir möchten Sie daher ersuchen, uns in folgender Angelegenheit behilflich zu sein:

Am 10. November traf bei der Bremer Zollbehörde eine Lieferung von Puppen, die für die Firma Heinz Becker in Dortmund bestimmt ist, ein. Leider ist es uns bis heute noch nicht gelungen, die dortige Zollbehörde zu überreden, daß sie diese Sendung zur *Weiterbeförderung* freigibt. Wir korrespondieren seit fast drei Wochen mit der Zollabteilung G.B./9 (Zeichen D/) – bisher aber ohne Erfolg. Es scheint mit unserer *Proforma-Rechnung* und dem internationalen *Ladeschein* irgendetwas nicht in Ordnung zu sein. Wir erlauben uns, Kopien der gesamten Korrespondenz und der Dokumente beizulegen und wären Ihnen äußerst dankbar, wenn Sie sich mit der obenerwähnten Abteilung zwecks Erledigung dieser Angelegenheit in Verbindung setzen würden. Wir möchten auch darauf hinweisen, daß die ganze Sache jetzt sehr dringend ist, da die Puppen selbstverständlich für das Weihnachtsgeschäft, das bereits *in vollem Schwunge* ist, bestimmt sind.

Bitte teilen Sie uns möglichst rasch das Resultat Ihrer *Verhandlungen* mit, unter gleichzeitiger Angabe der entstandenen Unkosten und Ihrer Gebühr.

Wir danken Ihnen im voraus für Ihre diesbezüglichen Bemühungen und hoffen, daß dieselben mit Erfolg gekrönt sein werden.

                                        Mit freundlichem Gruß

Anlagen.

Aufgabe 1.

Draft a suitable reply to the letter on page 57 (bottom), addressed to Messrs Carson & Locke Ltd., 2 Bennett Lane, Coventry, and explain that you have been able to clear the consignment of dolls on 6th December when they were immediately forwarded to the Spielwarengeschäft Heinz Becker, Dortmund by express. The delay in clearance was due to a misleading description of the dolls on the proforma invoice and after this matter was cleared up, no further difficulties were encountered. Fees amount to £5·50 and invoice is enclosed. Offer services and enclose list of charges.

Aufgabe 2.

Herren Schaumberger & Kohler   15th September 19...
Auslands-Speditionen
Grenzstraße 15

AACHEN

Dear Mr. Schaumberger

Consignment 4. AC/306.

We understand from our customer in Cologne, Messrs. Johann Königsberger & Söhne, Bonner Straße 76, that the above consignment has been held up by the German Customs Authorities in Aachen.

We are wondering whether you were aware of this delay when you wrote to us on 10th September, confirming that you were present when the consignment was cleared through the customs.

It appears that the *dispatch note* has gone astray and that the customs documents are not in order as the weights were incorrectly given.

We should be most grateful if you would get in touch with the Customs Authorities and try and clear up the matter. Our customer in Cologne is in urgent need of this delivery and we shall be glad if you can deal with this matter at once.

We thank you in advance for your assistance and shall be glad to hear from you as soon as the bicycles have been forwarded to Cologne.

Yours sincerely,

Aufgabe 3.

Write a suitable reply to the letter on page 57 (top) agreeing to the credit on this occasion. Explain that you will have to reconsider the whole position in the light of these developments.

60

Vertretungen

Herrn Ing. Julius Kulmbacher   15. Juni 19 . .
Limmatstraße 35
8000 ZÜRICH

Schweiz

Betr. Schweizer Agentur

Sehr geehrter Herr Ingenieur,

wir danken Ihnen bestens für Ihr ausführliches Schreiben, von dessen Inhalt wir mit Interesse Kenntnis genommen haben. Die beigefügten *Schriftstücke* senden wir Ihnen getrennt mit eingeschriebener Post zurück.

Wir freuen uns, Ihnen heute mitteilen zu können, daß wir Ihnen aber gern die Vertretung unserer Firma für die Schweiz *übertragen* würden; vorher sind noch einige Fragen zu klären:

a) *Provision*. Der von Ihnen verlangte *Satz* von vier Prozent erscheint uns entschieden zu hoch, und wir können Ihnen, wie allen unseren anderen Vertretern, nur drei Prozent anbieten. Wir möchten Sie in diesem Zusammenhang *darauf hinweisen*, daß Provision nicht nur auf Ihnen direkt erteilte Aufträge zahlbar ist, sondern auf alle Bestellungen, die uns aus Ihrem Gebiet zukommen. Vielleicht haben Sie diese Tatsache bei Ihrer Berechnung der Provision übersehen.

b) *Zahlungsbedingungen*. Wir halten es mit allen unseren Auslandsvertretern so, daß wir am Ende jedes Vierteljahres *abrechnen* und wären Ihnen dankbar, wenn Sie sich dieser Regelung unseres Betriebes *anpassen* würden. Wir unsererseits *verpflichten* uns, Ihnen alle ausstehenden Beträge für Provision und *Unkosten* innerhalb von zwei Wochen nach Empfang Ihrer Abrechnung zugehen zu lassen.

c) *Werbung*. Wir übernehmen alle Kosten der Werbung und werden Ihnen regelmäßig Reklamematerial in jeder gewünschten Menge zusenden.

Wir bitten Sie um baldige *Stellungnahme* zu den obigen Punkten und hoffen, daß Sie mit unseren obenangeführten Bedingungen einverstanden sein werden.

Mit freundlichem Gruß

An die Export-Abteilung,   22. Juni 19 . .
The Midlands Engineering Corporation,
Birmingham.

Sehr geehrter Herr Fischer,

Für Ihr Schreiben vom 15. Juni bin ich Ihnen sehr *verbunden*;
ich habe inzwischen auch die Dokumente, die Sie eingeschrieben
zurückgeschickt haben, richtig erhalten und danke Ihnen für
die prompte Rücksendung.

Zu den drei Punkten, die Sie in Ihrem Brief *aufwarfen*, möchte
ich wie folgt Stellung nehmen:

a) *Provision*. Wie Sie ganz richtig sagen, lag hier ein Mißver-
ständnis vor. Als ich Ihnen meine Bedingungen bekanntgab,
war ich mir nicht darüber klar, daß die Provision auf alle aus
der Schweiz stammenden Bestellungen zahlbar ist und nicht
nur auf die von mir direkt erteilten Aufträge. Ich stimme also
mit dem von Ihnen vorgeschlagenen Satz von 3% überein.

b) *Zahlungsbedingungen*. Ich würde monatliche Abrechnungen
vorziehen. Nachdem Sie aber mit allen Ihren Auslandsvertretern
vierteljährlich abrechnen, bin ich bereit, auch diese Bedingung
anzunehmen und bitte Sie also, den *Agenturvertrag dementsprechend aufzuziehen*.

c) *Werbung*. Ich danke Ihnen für Ihr diesbezügliches Angebot,
möchte aber betonen, daß wir hier in der Schweiz *Reklamematerial* in unseren drei Landessprachen (deutsch, französisch
und italienisch) benötigen. Sollten Sie mit der Übersetzung
Ihrer *Broschüren* usw. auf Schwierigkeiten stoßen, so bin ich
gern bereit, das Reklamematerial hier übersetzen zu lassen.

Ich hoffe, daß der *Vertragsaufstellung* jetzt nichts mehr im
Wege steht und daß wir bald zur Unterzeichnung und Zusam-
menarbeit kommen.

Mit verbindlichem Gruß
Ihr

European Agencies Inc. den 5. Mai 19..
43 Adelaide Road
Sydney
Australien

Betr. Spielwaren-Vertretung

Wir erfahren soeben von Geschäftsfreunden in Melbourne,
daß Sie jetzt in der Lage sind, noch weitere Vertretungen für
den australischen Markt zu übernehmen.

Wir suchen gegenwärtig einen zuverlässigen, tüchtigen
Vertreter, der in Sidney *wohnhaft* ist und der bereit wäre, den
Vertrieb unserer Spielwaren zu übernehmen. Von unseren
Geschäftsfreunden wissen wir, daß Sie gute Beziehungen zu
Warenhäusern und Spezialgeschäften haben und wir würden
uns freuen, von Ihnen zu hören, ob Sie an dieser Agentur interessiert sind. *Im bejahenden Fall* bitten wir Sie uns mitzuteilen,
welche Artikel am besten für die *Musterkollektion*, die wir
Ihnen zusenden würden, geeignet wären. Um Ihnen die Auswahl
zu erleichtern, geht ein Katalog mit gleicher Post an Sie ab.
Wenn es zwischen uns zu einem Vertrag kommt, sind wir
natürlich gern bereit, Ihnen englische Kataloge für Ihre Kundschaft zu senden.

Wir möchten außerdem darauf hinweisen, daß wir einer der
führenden Spielwaren-Hersteller in der Bundesrepublik sind
und daß wir in der Lage sind, erfolgreich mit japanischen und
chinesischen Erzeugnissen zu konkurrieren. Alle unsere Waren
sind *tadellos verarbeitet,* und unsere Preise sind *wettbewerbsfähig.*

Wir würden Ihnen auf alle von Ihnen erzielten Verkäufe eine
Provision von 3% gewähren. Wir würden selbstverständlich
alles tun, um für unsere Waren bei Ihnen eine Nachfrage zu
schaffen und würden Ihnen Reklamematerial in ausreichendem
Maße zur Verfügung stellen.

Wir hoffen, demnächst eine günstige Antwort von Ihnen zu
erhalten und verbleiben

hochachtungsvoll

Firma Josef Hauptmann GmbH   6. Juli 19 . .
Domstraße 20

5100 AACHEN

Betr.: Ihre Mustersendung Zeichen K/S/Aus.

Wir bekennen uns zum Empfang Ihres Schreibens vom 5. Mai, für das wir Ihnen danken. Heute haben wir auch die obenerwähnte Mustersendung erhalten und wir müssen Ihnen leider mitteilen, daß wir hiermit große Unkosten hatten. Wir mußten nicht nur Fracht nachzahlen, aber es wurde auch eine Zollgebühr erhoben, da Ihre Exportabteilung das *Konnossement* nicht richtig ausgestellt hatte.

Unter diesen Umständen können wir unserer Kundschaft die Musterkollektion noch nicht unterbreiten, bis wir von Ihnen erfahren, ob Sie uns die zuzüglichen Ausgaben rückvergüten werden. Wenn dies nicht der Fall ist, werden wir die angegebenen Preise dementsprechend erhöhen müssen.

Wir bitten um Ihre Anweisungen per Luftpost.

                Mit vorzüglicher Hochachtung!

Aufgabe 1.

Mr Hans Gruber   5th October 19 . .
Papierwaren-Vertretungen
Arlbergstr. 35

LINZ

Dear Mr. Gruber,

We have just received your report and your statement for the past quarter (1st July to 30th September), and thank you very much indeed for sending us your reports so regularly.

We were interested to read of the many new contacts you were able to make and we hope that substantial orders will be forthcoming. We were sorry to learn that you have received complaints about the *blotting paper* we sent you in August. We cannot understand why this paper should have been unsatisfactory as we have not received any other complaints. However, we sent you yesterday by airmail a new supply to replace the order in question.

Your statement has been passed to our Accounts Department for payment, although we find your expenses for September rather high. We are allowing these increased expenses this time, but must point out that in future we shall not be able to pay for evening meals taken with customers, nor are we willing to pay for cigars. We much appreciate your efforts, but in view of the low *margin of profit*, we cannot *afford* these *additional expenses*.

We also note that several customers are *behind with* payments. We hope that you are sending regular reminders to these firms and we suggest that you should explain tactfully that we are unable to execute any further orders until these outstanding accounts are settled.

Our Mr. Slater will be visiting Austria at the beginning of December and would very much like to meet you. Could you please let us know *in due course* when his visit would be convenient.

With best wishes,
Yours sincerely,

Export Manager.

Aufgabe 2.

Write a reply from Mr H. Gruber, Linz, to Northern Paper
Works Limited, Hanger Lane, Liverpool 8, and explain that
since your report you have had two more complaints about the
blotting paper delivered in August. Suggest it got wet in *transit*
and that this may have caused the *stains*. Ask for further replace-
ment supplies by air. Explain your surprise about their *comments*
regarding the expenses in view of the greatly increased *turnover*.
Tell them that three of the outstanding accounts have now been
paid and that you are getting in touch with a *solicitor* regarding
two of the remaining ones. Ask for exact dates of Mr Slater's
visit to Austria in December.

Aufgabe 3.

On the basis of the above correspondence *draft* the section
of Mr Gruber's report dealing with the complaint about the
blotting paper delivered in August.

Vorbestellungen

An den Berliner Hof   5. Mai 19 . .
Am Hauptbahnhof

3300 Braunschweig

Betr. Zimmerbestellung

Unser Exportleiter, Herr Charles Lawrence wird ab 20. Mai
für eine Woche zur Auto*ausstellung* nach Braunschweig kommen. Wir wären Ihnen dankbar, wenn Sie für Herrn Lawrence
ein *Einzelzimmer* mit Bad reservieren würden. Herr Lawrence
würde ein Zimmer in ruhiger Lage vorziehen.

Bitte bestätigen Sie diese Reservation umgehend unter
Preisangabe. Könnten Sie uns gleichzeitig auch mitteilen, ob in
Ihrem Hause ein *Konferenzzimmer* für geschäftliche Besprechun-
gen *zur Verfügung steht.*

Hochachtungsvoll

Sekretärin

Miss J. Simpson,   8. Mai 19 . .
The Dunstable Motor Corporation,
Dunstable, Beds.

Sehr geehrtes Frl. Simpson,

wir danken Ihnen für Ihren Brief vom 5. Mai, in dem Sie
uns baten, für Herrn Lawrence ab 20. Mai für eine Woche
ein Zimmer mit Bad zu reservieren. Infolge der zahlreichen
Besucher, die zur internationalen Autoausstellung nach Braunschweig kommen, sind leider alle unsere Zimmer bereits
bestellt, und wir bedauern außerordentlich, Ihnen diesmal
nicht dienen zu können. Wir haben Ihre Anfrage an das Hotel
Lüneburg weitergeleitet, in dem noch einige Zimmer frei sind
und haben den Hoteldirektor, Herrn Hammel gebeten, sich
direkt mit Ihnen *in Verbindung* zu *setzen.*

Wir hoffen sehr, Herrn Lawrence bei seinem nächsten Besuch in
unserem Hause begrüßen zu dürfen.

Mit vorzüglicher Hochachtung

Herrn Dipl.Ing. M. Scharff
Agenturen
Dresdner Straße 112
DDR

x7022 LEIPZIG

13. Februar 19..

Lieber Herr Scharff,

wie wir Ihnen bereits mitgeteilt haben, kommen vier unserer Herren nächsten Monat zur Leipziger *Messe* und wir möchten Sie bitten, die folgenden Reservationen für uns vorzunehmen.

Zwei der Herren reisen allein, die anderen zwei nehmen ihre Gattinnen auf diese Geschäftsreise mit. Wenn möglich würden sie alle gern im gleichen Hotel untergebracht sein und wir schlagen entweder den Berliner Hof oder das Grandhotel vor. Könnten Sie also bitte im Namen der Firma die folgenden Zimmer bestellen: zwei Doppelzimmer mit Bad und zwei Einzelzimmer ohne Bad.

Weiterhin wären wir Ihnen dankbar, wenn Sie zwei *Viersitzer*-Autos (wenn möglich Skoda) für *Selbstfahrer* für vier Tage ab 25. März von einer soliden Firma mieten würden. Der eine Wagen soll ab 14.00 am 25. März am Leipziger Flughafen bereit stehen und der zweite Wagen ist während des Nachmittags ans Hotel zu bringen.

Sie selbst werden gebeten, die Gäste am Flughafen abzuholen. Die genaue Ankunftszeit werden wir Ihnen später mitteilen.

Wir bitten um Bestätigung, sobald die obigen *Anordnungen getroffen* sind.

Im voraus besten Dank für Ihre *Bemühungen*.

Mit freundlichem Gruß

68

An die Reise-Agentur Holzer   2. Februar 19 . .
Am Stachus 11

8000 MÜNCHEN

Sehr geehrte Herren,

Ihre Agentur wurde uns von der Münchner Universität
empfohlen, von der wir auch erfahren, daß Sie sich besonders
auf *Gruppenfahrten* von Studenten und jungen Leuten speziali-
sieren.

Wir haben die Absicht, im kommenden Juli zwei Gruppen von
je 25 Studenten nach Deutschland zu schicken und möchten
anfragen, ob Sie bereit wären, die notwendigen Anordnungen
für diese jungen Leute in München zu treffen.

Die Studenten werden am 10. *beziehungsweise* am 20. Juli am
Münchner Flughafen eintreffen und müßten selbstverständlich
in München-Riem per Autobus abgeholt und ins Hotel gebracht
werden. Jede Gruppe wird sechs Nächte in München bleiben
und wir bitten Sie auch, für billige, saubere *Unterkunft* zu sorgen.
Die jungen Leute sind selbstverständlich bereit, Zimmer zu
teilen und es wäre wahrscheinlich am besten, wenn sie das
Frühstück und Abendessen im Hotel einnehmen könnten.
Untertags sehen wir die folgenden Fahrten und Besuche vor:
Rundfahrt durch München und Besuch der Museen, ganztägige
Fahrt nach Garmisch, *ganztägige* Fahrt an den Tegernsee,
ganztägige Fahrt nach Berchtesgaden und zwei Theaterbesuche
am Abend.

Wir wären Ihnen dankbar, wenn Sie uns recht bald mitteilen
würden, ob Sie an diesem Geschäft interessiert sind und ob Ihre
Organisation alle Anordnungen treffen kann. Im bejahenden
Falle, bitten wir um genaueste Angabe der Kosten, sodaß wir
unsererseits einen *globalen* Preis für die Fahrten ausarbeiten
können. Falls Sie nicht in der Lage sind, mit uns zusammen-
zuarbeiten, wären wir Ihnen verpflichtet, wenn Sie uns den
Namen eines Reisebüros in München angeben würden, das
solche Gruppenfahrten *veranstaltet.*

Hochachtungsvoll!
BRITISH STUDENTS' UNION

Secretary

Aufgabe 1.

Write and confirm the arrangements (page 67), wishing the party a good trip and expressing pleasure at being able to welcome them in Leipzig. Also explain that an *entry permit* is necessary and enclose six *application forms*.

Antrag für Einreise in die DDR	Auszufüllen in Blockschrift! Заполнить печатными буквами A remplir en lettres égyptiennes To fill out in block letters

Name (bei Frauen auch Geburtsname)
Фамилия
Nom (aux femmes aussi le nom de jeune fille)
Name (if female also maiden name)

Vorname
Имя
Prénom
Christian name

Datum und Ort der Geburt
Дата и место рождения
Date et lieu de naissance
Date and place of birth

Staatsangehörigkeit jetzt: früher:
Гражданство в настоящее время   раньше
Nationalité actuellement   autrefois
Nationality at present   formally

Wohnadresse (Land, Ort, Straße)
Адрес (страна, город, улица)
Domicile (pays, ville, rue)
Residence (country, town, street)

Wo arbeiten Sie und in welchem Beruf?
Где Вы работаете и какая у Вас профессия?
Où travaillez-vous et quelle profession exercez-vous?
Where do you work and what profession do you exercise?

In wessen Auftrag reisen Sie (Dienststelle, Organisation, Betrieb)?
В чей распоряжении Вы едете (учреждение, организация, предприятие)?
Vous faites le voyage sur la demande de qui (entreprise, organisation, administration)?
By order of whom do you travel (office, organisation, enterprise)?

Zweck der Reise
Цель поездки
But du voyage
Purpose of the journey

Mit welcher Dienststelle (Firma, Organisation usw.) wurde die Reise vereinbart?
С каким учреждением (организацией, фирмой и т.д.) в ГДР согласована поездка?
Avec quel service (maison, organisation etc.) fut convenu le voyage?
With which office (firm, organisation, etc.) was the journey agreed?

FOTO

Welche Dienststellen und Orte wollen Sie besuchen?
Какие учреждения и местности Вы намерены посетить?
Quels services et quels localités voulez-vous visiter en RDA?
Which offices and places in the GDR do you intend to visit?

Aufgabe 2.

The Manager,   14th June 19 . .
Hotel Teutoburger Wald,

4500 OSNABRÜCK

Dear Sir,

We wish to organize a meeting of our representatives in Western Germany one day during the first fortnight in July and are writing to ask you whether your conference room would be available on either the 8th or 10th July.

There will be about fifty representatives present, two directors and myself. Could you also reserve tables for us for lunch in the restaurant at about 12.30 for the same number.

If neither of the above dates are suitable, we shall be glad if you will let us know by return so that we can change the arrangements. Please let us know the fee for the *hire* of the conference room at the same time.

Yours truly,

Secretary

Aufgabe 3.

Beantworten Sie den Brief auf Seite 68 wie folgt:

The Secretary,   14th February 19..
British Students' Union,
10 Gower Street,
London W.C.1.

Dear Sir,

Thank you very much for your inquiry of 2nd February regarding the arrangements for two groups of students who will be coming to Munich in July. As you quite rightly say, we specialize in this type of business and shall be only too pleased to make all necessary arrangements for you at this end. Before we are able to quote, we should like to clear up the following points:

Will a coach be required for the return of the students to Munich airport after their stay? Do all students have to be accommodated in the same hotel? Could you give us some more information about the lunch arrangements you wish to be made? Will the students be travelling with their own guide or do you want us to provide an English-speaking guide? We would mention in this connection that if the students understand German, this would reduce the fee for the guide. We assume that on the days when no tours are planned, the students will be free and will not require the services of a guide.

As soon as we receive the above information, we shall work out the cost of all arrangements and will send you our lowest inclusive quotation.

Needless to say, we shall do our best to make the students' stay in Munich as pleasant as possible.

Yours truly,
REISE-AGENTUR HOLZER

Signed: Holzer

Bewerbungen

Firma Gebrüder Wolff   5. Februar 19 . .
Rheinufer 35

6500 MAINZ a.Rh.

Zu Händen von Herrn Direktor R. Wolff

Unter Bezugnahme auf Ihre Anzeige in der gestrigen Ausgabe der
Frankfurter Allgemeinen, erlaube ich mir, mich um die Stellung
als Sekretärin in Ihrem Hauptbüro zu *bewerben.*

Ich bin 24 Jahre alt und bin gegenwärtig bei einer *Versicherung*
tätig. Da ich aber in meinem jetzigen *Posten* meine Sprachkenntnisse nicht verwenden kann, habe ich die Absicht, meine
Stellung zu wechseln. Ich bin *gebürtige* Frankfurterin und habe
in Frankfurt meine Schulzeit verbracht; im Jahre 1968 legte ich
im dortigen Realgymnasium mein Abitur erfolgreich ab und
verbrachte die folgenden zwei Jahre in England und zwar als
Kontoristin im Londoner Büro der „Lufthansa". Während
meines Aufenthalts in England nahm ich auch an Abendkursen
in *Kurzschrift* und *Maschinenschreiben* teil und während der
letzten sechs Monate wurde ich zur *Stenotypistin aufgebessert.*

Im Jahre 1970 war ich neun Monate lang in Lyon bei einer
französischen Familie, um auch meine französischen Kenntnisse
aufzufrischen. Inzwischen habe ich auch französische Kurzschrift gelernt und glaube deshalb in der Lage zu sein, den von
Ihnen gestellten *Anforderungen* zu *genügen.*

Falls Ihnen an einer persönlichen Vorstellung gelegen ist, so
wäre es mir möglich, entweder in den Abendstunden oder am
Sonnabend Vormittag bei Ihnen *vorzusprechen.*

Mit vorzüglicher Hochachtung

Ilse Weber

Firma Franke & Fink
Breite Straße 22

10. Februar 19..

4300 ESSEN

Betr. Anstellung als Übersetzer und *Dolmetscher*

Sehr geehrte Herren,

von Herrn Reginald Webber, der ein guter Geschäftsfreund meines Vaters ist, erfahre ich soeben, daß Sie ab 1. April dieses Jahres einen dreisprachigen Übersetzer und Dolmetscher für Ihre Auslands-Abteilung suchen.

Darf ich mir erlauben, mich um diese Stellung zu bewerben. Wie Sie *aus* dem beiliegenden *Lebenslauf ersehen* werden, bin ich gebürtiger Deutscher und seit sechs Jahren *beruflich* tätig. Darf ich noch hinzufügen, daß ich englisch, deutsch und französisch in Wort und Schrift vollständig *beherrsche*, und außerdem auch im Exportgeschäft Erfahrung habe.

Als *Referenzen* gebe ich Ihnen Herrn Reginald Webber aus London an, der mich seit meiner frühen Jugend kennt und die Firma Jean-Jacques Leroi, Paris 6e, Boulevard Montparnasse 13, bei der ich letztes Jahr als Übersetzer angestellt war.

Ich wäre jederzeit bereit, nach Essen zu einer Besprechung zu kommen und hoffe, daß Sie meine Bewerbung günstig *berücksichtigen* werden.

Ihrer *Rückäußerung* mit Interesse entgegensehend, verbleibe ich

hochachtungsvoll

Beilage: Lebenslauf

LEBENSLAUF

NAME	Kurt Albert BRUNNER
GEBURTSDATUM UND -ORT	17. August 1951 in Ulm
WOHNORT	6000 FRANKFURT/Main 3, Schillerstraße 43
FAMILIENSTAND	verheiratet
SCHULBESUCH	1957—1969 Grundschule und Gymnasium in Ulm
	1969: Abitur
	1969—1971 Wirtschafts- und Handelsschule München
BERUFLICHE TÄTIGKEIT	September 1971—Juli 1973 Bayrische Staatsbank, München, als Korrespondent und Übersetzer in der Auslandsabteilung

August 1973—Mai 1975
Harpers Department Store,
London,
als Übersetzer und Dolmetscher
in verschiedenen Abteilungen
dieses großen Betriebs

Juni 1975—September 1976
Institut de la Recherche Economique, Bordeaux, France, als
fremdsprachlicher Assistent in der
Archiv-Abteilung

Oktober 1976 bis heute
Firma Jean-Jacques Leroi, Paris,
als fremdsprachlicher Übersetzer.

Aufgabe 1.

Übersetzen Sie folgenden Brief ins Deutsche:

Messrs. Charles Smith & Co. Ltd.,   22nd January 19 . .
45 Victoria Street,
London S.W.1.

Dear Sirs,

For the attention of Mr. Hermann Bauer

Having seen your advertisement in *The Times* of 20th January I should like to apply for the post of German shorthand-typist and correspondent in your travel agency.

Two years ago I spent six months in England in order to improve my knowledge of the language. I was employed by the German Tourist Office and I am sure the manager of that organization would tell you all about my qualifications. I am *conversant with* the travel business in all its aspects as I have been employed in a large travel agency in Paris for the last year or so. I should very much like to return to England and that is why I am hoping that you will consider my application.

May I add that apart from French and English I also have a sound knowledge of Spanish and Portuguese. My typing speed is sixty words per minute and I write shorthand in German, English and French.

Yours faithfully,

Aufgabe 2.

Reply to the following advertisement in German:

Large toy manufacturer in Hanover requires German-English translator for export department. Candidates must be *bilingual* and able to type. Applications giving age, experience and *salary* required, to Postfach 135b, Hanover.

Stellenanzeigen

Wenn eine Firma neue Arbeitskräfte braucht, wird ein Inserat aufgegeben. Das Inserat erscheint dann je nach Bedarf in einer der bekannten deutschen Tageszeitungen, wie zum Beispiel der „Welt", der „Frankfurter Allgemeinen", der „Süddeutschen Zeitung", oder in einem Ortsblatt. Es folgen nun mehrere Beispiele.

JUNGER VERKÄUFER

mit Erfahrung im Automatenverkauf oder ähnlicher Branche für Bremen und Umgebung gesucht.

Gutes Gehalt, Provision, Kilometergeld.

Bewerbungen schriftlich an **MEIER GmbH, Bremen 2–, Theresienstr. 8**

Wir suchen einen branchekundigen

VERKAUFSLEITER

der in der Lage ist, der entsprechenden Verkaufsabteilung vorzustehen.

Es kommen nur Herren in Frage, die die Voraussetzungen mitbringen, eine derartige verantwortungsvolle Position zu bekleiden und die notwendigen organisatorischen und überdurchschnittlichen kaufmännischen Fähigkeiten besitzen.

Zuschriften mit Angaben der Referenzen und des ausführlichen Werdeganges an WELT, Postfach 5684

Empfangsdame

m. Fremdsprachen f. halbtags v.11–18 Uhr gesucht f. Ladenaufsicht u. Verkauf i. Sportgeschäft. Fachkenntn. nicht erforderl. Angeb. m. Gehaltsanspr. unter SJ 345.

Für unser Stadtbüro suchen wir einen jüngeren, gewandten

Exportsachbearbeiter

mit englischen und/oder französischen Grundkenntnissen für selbständige Auftragsabwicklung, vorwiegend Europaverkehr. 5-Tage-Woche.

Bewerbungen mit Lichtbild und Gehaltswünschen erbeten an

Chemische Fabrik Rothe GmbH

Personalstelle
Postfach 2487   Telefon 67 95 36

Wir suchen zum baldigen Antritt eine erstklassige

Auslandskorrespondentin

für interessante Tätigkeit.

Erforderlich sind perfekte französische, im Ausland erworbene Sprachkenntnisse in Wort und Schrift und Fähigkeiten in Stenografie und Maschinenschreiben. Daneben sind Kenntnisse in der englischen, spanischen, evt. italienischen Sprache erwünscht.

Geboten wird gute Bezahlung bei gutem Betriebsklima.

Bewerbungen mit Lichtbild, handgeschriebenem Lebenslauf, Zeugnisabschriften, Angabe der Gehaltsansprüche und des frühesten Eintrittstermins.

FREMDSPRACHEN-SEKRETÄRIN

mit perfekten Sprach-, Steno- und Maschinenkenntnissen für ENGLISCH (und möglichst Französisch als Zweitsprache) für Direktionssekretariat gesucht.

Die Bewerberin muß mit allen Sekretariatsarbeiten vertraut und an selbständiges Arbeiten gewohnt sein.

Angebote mit den üblichen Unterlagen erbitten wir unter K18967.

Zum 1. Mai suchen wir eine

Mitarbeiterin

für unsere Reiseabteilung

die mit allen in einem Reisebüro anfallenden Arbeiten gut vertraut ist, englische Sprachkenntnisse besitzt, in der Arbeit sicher und gewandt sein soll und nicht unter 30 Jahren alt ist.

Schriftliche Bewerbungen mit handgeschriebenem Lebenslauf, Zeugnisabschriften und Lichtbild erbeten.

Für interessante und vielseitige Mitarbeit in verschiedenen Abteilungen unserer Hauptverwaltung suchen wir mehrere

STENOTYPISTINNEN

Bei der Zimmerbeschaffung sind wir behilflich.

Interessentinnen werden gebeten, ihre Bewerbungsunterlagen (Zeugnisse, Lebenslauf, Lichtbild und Angabe des Gehaltswunsches) einzureichen an die Personalabteilung.

Handelsfirma in der Schweiz sucht

Sekretärin

für deutsche, französische, italienische und englische Korrespondenz.

Neuzeitliche Arbeitsbedingungen, gutes Arbeitsklima. Offerten mit den üblichen Unterlagen erbeten unter C 7845.

Die Firma MAX KAUFMANN sucht für die Personalverwaltung zuverlässige und tüchtige

KONTORISTINNEN

Bewerbungen mit handschriftlichem Lebenslauf, Lichtbild und Zeugnisabschriften unter Angabe Ihrer Gehaltswünsche werden erbeten unter AVZ 246 an diese Zeitung.

Dame gesucht als erste

Verkaufskraft

für gepflegtes Spezialgeschäft. Aufstiegsmöglichkeiten. Zuschriften erbeten unter D 345.

Fortschrittliches, mittleres Industrieunternehmen mit mehreren in- und ausländischen Werken (Hauptsitz in Düsseldorf) sucht zu baldigem Eintritt selbständige

Fremdsprachenkorrespondentin/Übersetzerin

für *Englisch, Spanisch, Französisch*

Es können nur Bewerberinnen in die engere Wahl einbezogen werden, die sich die Sprachkenntnisse möglichst in den entsprechenden Sprachgebieten erworben haben und in der Lage sind, bei Verhandlungen fließend zu dolmetschen. Außerdem wird flüssiges Maschinenschreiben vorausgesetzt.

Wir bieten angenehmes Arbeitsklima, leistungsgemäße Bezüge, Mithilfe bei der Unterkunfts- oder Wohnraumbeschaffung.

Ihre Bewerbung mit handgeschriebenem Lebenslauf, Zeugnisabschriften und Lichtbild erreicht uns unter Chiffre 4582.

Aufgaben zum Übersetzen

III. TEIL

Interpunktion

1. Der PUNKT steht wie im Englischen am Ende eines Satzes.
Beispiel: Ich habe den Brief geschrieben.
Nach Abkürzungen wird der Punkt auch gebraucht.
Beispiele: z. Zt. (zur Zeit), Frankfurt a.M. (am Main) aber
nicht dann, wenn die Abkürzung als selbständiges Wort
besteht.

Beispiele: die EG, die USA, die SPD, und auch nicht,
wenn Maße, Gewichte, Himmelsrichtungen und manchmal
Münzbezeichnungen abgekürzt sind.

Beispiele: 100m (Meter), 100g (Gramm), DM 10 (Deutsche
Mark), NW (Nordwest).

Nach Unterschriften, Anschriften, Überschriften und Titeln
steht *kein Punkt.*

2. Das KOMMA hat im Deutschen hauptsächlich die Aufgabe,
Satzteile von einander zu trennen. Hier weicht der deutsche
Gebrauch sehr von dem englischen ab. Das Komma steht vor
und/oder nach einem Nebensatz (subordinate clause), und ist in
diesem Fall *unerläßlich.*

Beispiele: Ich hoffe, daß Sie die Waren schon abgesandt
haben. Die Firma, die Sie beschreiben, ist mir bekannt.
Wenn ich das gewußt hätte, wäre ich nie Kaufmann
geworden.

Das KOMMA steht nicht vor einem Infinitivsatz, der nur
mit „zu" gebildet ist.

Beispiele: Das braucht die Sekretärin nicht abzulegen. Der
Reisende hat viel zu verhandeln. Ich hoffe, bei Ihnen in
Kürze wieder vorsprechen zu können. Wir bitten Sie, uns
die Rechnung in dreifacher Ausfertigung zu senden.

Ein Infinitivsatz aber mit „ohne zu", „um zu", „als zu"
„anstatt zu", wird durch ein Komma abgetrennt.

Beispiele: Herr Reitmann arbeitete weiter, ohne daran zu
denken. Sie besucht die Handelsschule, um deutsche
Stenographie zu lernen. Anstatt zu sparen, kaufte er
Aktien. Es ist leichter zu reden, als zu handeln.

Eine ANREDE wird auch durch Kommas abgetrennt.

Beispiele: Herr Schmidt, möchten Sie eine Zigarette? Sagen
Sie mal, Herr Braun, waren Sie schon in Frankreich? Das
habe ich schon erledigt, Herr Direktor.

AUSRUFE und BEISÄTZE ebenso.

Beispiele: Ach, das wußte ich nicht! Nein, das glaube ich
nicht!

Herr Braun, der Schiffsmakler, wartet im Büro. Ihr Chef ist
Hans Klein, der bekannte Architekt.

3. Der STRICHPUNKT (Semikolon) wird wie im Englischen
verwendet, der DOPPELPUNKT (Kolon) ungefähr wie im
Englischen, er muß aber auch vor einer wörtlichen (direkten,
Rede gesetzt werden.

Beispiel: Er sagte: „Es ist mir gleich."

Vor Aufzählungen steht auch ein Doppelpunkt.

Beispiel: Die Kontinente sind: Europa, Afrika, Amerika usw.

Wenn aber der Aufzählung z.B., d.h., d.i., wie oder nämlich
vorausgeht, steht kein Doppelpunkt.

Beispiele: Große Städte, wie München, Frankfurt usw.
Viele Theaterstücke, z.B. Faust, Iphigenie usw.

4. Der GEDANKENSTRICH und das FRAGEZEICHEN werden wie im
Englischen angewendet.

Das AUSRUFEZEICHEN wird viel häufiger als im Englischen
gebraucht, z.B nach der Anrede am Anfang eines Briefes:
Sehr geehrte Herren! Lieber Hans! und auch nach
Imperativen:
Bleiben Sie am Apparat! Bitte nachschicken!

5. KLAMMERN werden wie im Englischen angewendet.

ANFÜHRUNGSZEICHEN oder in der Umgangssprache „Gänse-
füßchen" schreibt man vor der Anrede auf und nicht ober-
halb der Linie.

Beispiel: Der Reisende sagte: „Ich habe nichts zu verzollen".

Silbentrennung

Im Deutschen werden die Silben anders getrennt als im Englischen. Hierfür gelten die folgenden Regeln:

1. Ein einziger Konsonant in der Mitte eines Wortes gehört zur nächsten Silbe.

   z.B. sehen   getrennt   se-hen
         amerikanisch   „   ameri-kanisch
         Kamerad   „   Kame-rad

2. Ch, sch, st, th, ph betrachtet man als *einen* Konsonanten.

   z.B. erreichen   getrennt   errei-chen
         löschen   „   lö-schen
         Nathan   „   Na-than
         Philosophie   „   Philoso-phie
         Schwester   „   Schwe-ster

   „ß" Kann als *ein* Konsonant betrachtet werden, oder als *zwei*.

   z.B. schlie -ßen   oder   schlies-sen

3. Wenn zwei Konsonanten in der Mitte eines Wortes stehen, gehört der erste zur vorhergehenden Silbe und der zweite zur folgenden.

   z.B. Butter   getrennt   But-ter
         schwimmen   „   schwim-men
         halten   „   hal-ten

   aber wenn die zwei Konsonanten „c" und „k" sind, schreibt man „k" statt „c".

   z.B. backen   getrennt   bak-ken
         stricken   „   strik-ken

4. Wenn mehr als zwei Konsonanten in der Mitte eines Wortes stehen, kommt der letzte auf die folgende Zeile.

   z.B. schimpfen   getrennt   schimp-fen
         Fünftel   „   Fünf-tel
         führten   „   führ-ten

5. Es kann vorkommen, daß drei gleiche Konsonanten in einem zusamengesetzten Wort zusammentreffen, und in diesem Fall fällt einer normalerweise weg.

   z.B. Schiffahrt, Bettuch, helleuchtend, vollaufen.

Muß man aber solche Wörter trennen, dann schreibt man den dritten Konsonanten wieder mit.

   z.B. Schiff-fahrt, Bett-tuch, hell-leuchtend, voll-laufen.

6. Bei zusammengesetzten Wörtern trennt man natürlich dem Stamm nach.

z.B.	Kolonialwaren	getrennt	Kolonial-waren
	obenerwähnt	„	oben-erwähnt
	Feierabend	„	Feier-abend
	Arbeitslosigkeit	„	Arbeits-losigkeit

Aufgabe

Trennen Sie die folgenden Wörter.

leben	folgten	Telephonist	brachten
teilnehmen	rennen	Silber	Maschine
Franzose	Stilleben	Anfrage	Notizbuch
helfen	Gespräch	Kleiderschrank	lecker
Titel	Röntgen	waschen	Universität
neolithisch	Kaffee	Ballettänzer	riechen
müssen	mußte	widerrufen	Übersendung
Paragraph	Leistung	backen	Arbeitgeber

Nun noch ein Wort über die Anwendung des „ß". Dies steht immer am Ende eines Wortes oder einer Stammsilbe, die in „ss" enden.

Beispiele: Schluß, Kongreß, Schließfach.

In der Mitte des Wortes zwischen Vokalen steht das „ß" nach einem *langen* Vokal, aber zwei „ss" nach einem kurzen Vokal.

Beispiele: Straße, Füße, *aber* müssen und Flüsse.

Geographische Bezeichnungen

1. KONTINENTE UND STAATEN haben normalerweise keinen
   Artikel, sie sind aber sächlich (Neutra). Man sagt zum
   Beispiel:
   Wir leben in Europa, aber das schöne Europa. Ausnahmen sind
   die Schweiz, die Türkei, die Tschechoslowakei, die Arktis
   (Feminina), die USA und die Niederlande (Plural), wo der
   Artikel unerläßlich ist.
     ich fahre in die Schweiz, ich komme aus der Türkei, er
     wohnt in den Niederlanden; nicht weit entfernt von der
     Arktis.
   Kontinente (oder Erdteile):
     Europa – Afrika – Australien – Amerika – (Südamerika
     und Nordamerika) – Asien.
   Europäische Staaten:
     Albanien – Belgien – Bulgarien – Dänemark – Deutsch-
     land – Finnland – Frankreich – Griechenland – Groß-
     britannien – Irland – Island – Italien – Jugoslawien –
     Liechtenstein – Luxemburg – Niederlande – Norwegen –
     Österreich – Portugal – Rumänien – Schweden – Spanien
     – Ungarn – Vatikanstadt.
   Man sagt aber: die Bundesrepublik (BRD), die Vereinigten
   Staaten, die USA, die Sowjetunion, die DDR.

2. LÄNDER (innerhalb Deutschlands)
   Die Länder der Bundesrepublik, nach Größe der Bevölke-
   rung:
     Nordrhein-Westfalen, Bayern, Baden-Württemberg,
     Niedersachsen, Hessen, Rheinland-Pfalz, Schleswig-
     Holstein, Berlin (West), Hamburg, Saarland, Bremen.
   Die Länder der Deutschen Demokratischen Republik:
     Mecklenburg, Brandenburg, Thüringen, Sachsen, Sach-
     sen-Anhalt, Pommern (ein Teil).

3. EUROPÄISCHE UND ÜBERSEEISCHE NAMEN im Deutschen:
     Aachen, Athen, Basel, Braunschweig, Brüssel, Bukarest,
     Florenz, Genf, Genua, Hannover, Kapstadt, Köln,

Mailand, Moskau, München, Neapel, Nizza, Rom, Venedig, Warschau, Wien.

Adjektive werden mit der Endung „-er" gebildet und *nicht* dekliniert, zum Beispiel:

die Berliner Zeitung, die Pariser Mode, der Londoner Nebel, die Frankfurter Allgemeine.

Städte sind Neutra und haben keinen Artikel, es sei denn, daß ein Adjektiv vorsteht. Zum Beispiel:

das alte Nürnberg, das schöne Salzburg.

4. MEERE, SEEN, FLÜSSE in deutscher Sprache:

die Ostsee (the Baltic), der Stille Ozean (the Pacific), die Nordsee (the North Sea), das Mittelmeer (the Mediterranean), der Bodensee (Lake Constance), der Genfer See (Lake Geneva), der Vierwaldstättersee (Lake Lucerne), die Themse (the Thames), der Ärmelkanal (the Channel).

Artikel für Fremdworter und Eigennamen

Handel:	der Boom, der Boykott, das Interview, die Statistik, das Meeting, der Magnat, der Lloyd, das Commonwealth.
Menschen:	der Manager, der Chef, die Hostess, der Steward, die Stewardess, der Teenager.
Nachschlagewerke:	der Duden, der Brockhaus, der Baedeker.
Fahrzeuge:	der Mercedes, der Volkswagen, der Jaguar, der M.G. usw., die Vespa.
Flugzeuge:	die Caravelle, die Boeing, die Comet, die Viscount, die Concorde usw. (*die* Maschine).
Luftlinien:	die Lufthansa, die Air France, usw.
Stoffe:	der Tweed, der Manchester, der Mohär, der Kaschmir, das Perlon, das Nylon.
Kleider:	der Sweater, der Pullover, das Twinset, der Smoking.

Photoapparate:	der Kodak, die Leica, die Voigtländer, die Kamera.
Sport:	das Hockey, das Tennis, das Kricket, das Match, das Team, der Sport, der Jockei, die Olympiade, der Cup, der Rekord, das Stadion.
Lokale:	die Bar, das Restaurant, das Café, der Klub.
Eßwaren:	der Pudding, das Sandwich, der Pumpernickel, das Steak, die Frankfurter (Wurst), das Omelett.
Getränke:	der Whiskey, der Gin, der Cognac, der Wodka, der Champagner, der Wermut, der Cocktail.

Abkürzungen

Abs.	Absender	Sender
a.D.	außer Dienst	retired
AG	Aktiengesellschaft	Joint Stock Company
b.	bei	c/o
betr.	betreffend	re
bez.	bezüglich	with reference to
b.w.	bitte wenden	p.t.o.
bzw.	beziehungsweise	more exactly, respectively
CDU	Christlich-Demokratische Union	Christian-democratic party
cif	cost, insurance, freight	
DB	Deutsche Bundesbahn	German Railways
DIN	Deutsche Industrie-Norm	(standard size)
DDR	Deutsche Demokratische Republik	German Democratic Republic (Eastern Germany)
dergl.	dergleichen	of this kind
d.h.	das heißt	that is
d.i.	das ist	i.e.

d.J.	dieses Jahres	of this year
d.M.	dieses Monats	inst., of this month
DM	Deutsche Mark	W. German currency
evtl.	eventuell	possible, possibly
EG	Europäische - Gemeinschaft	European Community
EWG	Europäische Wirtschafts- Gemeinschaft	European Economic Community (EEC)
fob	frei an Bord	free on board
Frl.	Fräulein	Miss
Gebr.	Gebrüder	Bros.
gefl.	gefälligst	kindly
gegr.	gegründet	est. established
GmbH	Gesellschaft mit beschränkter Haftung	Limited Liability Co. Ltd.
ha	Hektar	2½ acres
i.A.	im Auftrag	'for' when signing letters, p.p.
l.M.	letzten Monats	ult., of last month
M	Mark der DDR	East German currency
n.J.	nächsten Jahres	of next year
n.M.	nächsten Monats	prox., of next month
Nr.	Nummer	No., number
N.S.	Nachschrift	P.S., Postscript
PS	Pferdestärke	h.p., horsepower
s.o.	siehe oben	see above
SPD	Sozial-demokratische Partei Deutschlands	Social-democratic Party of Germany
Str.	Straße	St., Street
u.	und	&, and
u.a.	unter anderem	among other things
u.A.w.g.	um Antwort wird gebeten	R.S.V.P.
usw.	und so weiter	etc.
vgl.	vergleiche	cf., compare
v.H.	vom Hundert Prozent	%, per cent
v.J.	vorigen Jahres	of last year
v.M.	vorigen Monats	ult., of last month
z.B.	zum Beispiel	e.g., exemplia gratia
z. Zt.	zur Zeit	at present

Offizielle Feiertage
in der Bundesrepublik Deutschland

Neujahr	(1.Januar)
Heilige Drei Könige	(6.Januar)
Karfreitag	
Ostermontag	
Tag der Arbeit	(1.Mai)
Christi Himmelfahrt	(6.Donnerstag nach Ostern)
Pfingstmontag	
Fronleichnam	
Tag der deutschen Einheit	(17.Juni)
Allerheiligen	(1.November)
Buß- und Bettag	(4.Dienstag in November)
Heiliger Abend	(24.Dezember)
1. Weihnachtstag	(25.Dezember)
2. Weihnachtstag	(26.Dezember)

IV. TEIL

How to use the glossary

This is primarily a glossary of commercial terms, consequently general meanings are only indicated if they are in some way revelant to the contents of the book. Similarly, the various forms of strong verbs are not given – they can be found easily in any dictionary – but, for convenience, separable prefixes and plurals are indicated, and cases where necessary, e.g.

> *entgegen*sehen (dat.)   *zurück*führen auf (acc.)
> das Rundschreiben (-)   der Durchschlag (–e)

In nouns like "Firma" and "Faktura" or "Saldo" where the plural ending has a different vowel, this is indicated in the same way, e.g.

> die Firma (-en) (Firmen)

The final singular vowel is to be omitted in the plural.

When a word ends in "ß" but has "ss" in the plural, this is shown as follows:

> der Anschluß (–sse)

How to use the glossary

WORTSCHATZ

Deutsch - Englisch

A

die Abgabe (-n)	delivery, handing over (of goods)
*ab*heben	to draw out (money from account)
*ab*holen	to fetch
das Abkommen (-)	agreement, arrangement, contract
die Abkürzung (-en)	abbreviation
*ab*legen	to file (papers)
*ab*lichten	to photo copy
die Ablichtung (-en)	photocopy
*ab*melden	to cancel, to give notice
der Abnehmer (-)	buyer, purchaser, customer
*ab*rechnen	to settle (accounts), to deduct
die Abrechnung (-en)	statement, settlement of account
*ab*schließen	to conclude, to come to a final arrangement
die Abteilung (-en)	department
*ab*ziehen	deduct, remove
das Adreßbuch (¨er)	address book
die Adresse (-n)	address
der Agent (-en)	agent, representative
der Agenturvertrag (¨e)	agency contract
die Agentur (-en)	agency
der Aktenschrank (¨e)	filing-cabinet (cf. picture)
die Aktie (-n)	share (in a company)
der Aktionär (-e)	shareholder
*an*fallen	to occur, crop up
die Anforderung (-en)	requirement, demand
Anforderungen (dat.) genügen	to satisfy requirements
Anforderungen (acc.) stellen	to make demands
die Anfrage (-n)	inquiry
*an*fragen	to inquire
die Angabe (-n)	statement, quotation, indication
*an*geben	to quote, to state, to indicate
das Angebot (-e)	offer
Angebot und Nachfrage	supply and demand
die Angelegenheit (-en)	matter, business, affair

der Angestellte (-n)	employee
anknüpfen (Verbindungen)	to take up (business relations)
die Anlage (-n)	investment; layout; enclosure
anmelden	to announce, report
die Annahme (-n)	acceptance
die Anordnung (-en)	arrangement
Anordnungen treffen	to make arrangements, give instructions
anpassen	to adapt, adjust
die Anrede (-n)	address, title, speech (*not* address on letter)
anrufen	to telephone, ring up
der Anschlag (-̈e)	stroke (on typewriter)
der Anschluß (-̈sse)	connection, contact
die Anschrift (-en)	address (in writing, on a letter)
der Anspruch (-̈e)	claim, demand
Anspruch haben auf etwas	to have a claim to
anstellen	to engage, appoint
die Antwort (-en) auf (acc.)	answer (to)
der Anwalt (-̈e)	lawyer
die Anweisung (-en)	instruction
die Anzeige (-n)	advertisement, announcement
der Apparat (-e)	apparatus, equipment
die Arbeitsbedingungen (pl.)	conditions of work
die Arbeitskosten (pl.)	labour costs
die Arbeitskraft (-̈e)	worker, employee
aufbessern	to promote, improve, increase salary
auffallen	to be noticeable
aufgeben	to post, register (luggage)
ein Inserat aufgeben	to place an advertisement
aufmerksam machen auf (acc.)	to draw attention to
darauf, daß	to draw attention to the fact that
die Aufschrift (-en)	inscription, label
die Aufstiegsmöglichkeit (-en)	opportunity for advancement or promotion
der Auftrag (-̈e)	order (for goods or services)
in Auftrag stellen	to place an order
die Auftragsbestätigung (-en)	confirmation of order
der Auftragsempfang (-̈e)	receipt of order
der Auftragschein (-e)	order form
der Ausdruck (-̈e)	expression
Ausdruck geben (dat.)	to give expression to
in dreifacher Ausfertigung	in triplicate
ausführlich	comprehensive, detailed
die Ausführung (-en)	execution, carrying out
in doppelter Ausführung	in duplicate
ausfüllen	to fill in (a form)

die Ausgabe (-n)	edition, delivery, issue, expense, distribution
die Auskunft (¨e)	information
der Auslandskorrespondent (-en)	foreign correspondent
die Auslieferung (-en)	delivery, distribution
zur Auslieferung kommen	to be delivered
die Aussicht (-en)	prospect
in Aussicht stellen	to hold out prospects of
*aus*stehen	to be outstanding (of debts)
ausstehend	outstanding
*aus*stellen	to exhibit, display, show; to make out (cheque, form)
die Ausstellung (-en)	exhibition, display, show; making out (cheque or form)
*aus*tragen	to deliver (letters, post) to distribute
der Ausverkauf (¨e)	clearance sale (shop)
ausverkauft	sold out
*aus*wechseln	to interchange
das Ausziehbrett (er)	slide tray
der Automat (-en)	slot machine

B

die Bahn (-en)	railway
per Bahn	by rail
das Bargeld	cash
der Beamte (-n)	official, civil servant
beanstanden (with direct object)	to object to, protest against
beauftragen	to commission
bedauern	to regret
begleichen	to pay, settle an account
die Behörde (-n)	authority, official body
die Beilage (-n)	enclosure
*bei*legen	to enclose, settle (a strike)
beiliegend	enclosed
bejahen	to affirm
im bejahenden Fall	in the affirmative case
bekleiden (eine Stelle)	to hold, have (a position)
bekleiden (ein Amt)	to hold (office)
die Belegschaft (-en)	staff (of business organisation)
sich bemühen	to endeavour, make an effort
die Bemühung (-en)	effort
benachrichtigen (acc.)	to inform
benötigen	to need, require
berechnen	to charge
der Bericht (-e)	report

der Beruf (-e)	profession
beruflich	professionally, on business
berücksichtigen	to take into consideration
beschäftigen	to employ, occupy
der Bescheid (-e)	news, message, information
Bescheid geben, sagen	to give a message, let someone know
beschleunigen	to accelerate
die Beschwerde (-n)	complaint, protest
sich beschweren über	to complain, protest about
besetzt	occupied, engaged (telephone)
bestätigen	to confirm
die Bestätigung (-en)	confirmation
bestellen	to order, book, commission
der Bestellschein (-e)	order form
die Bestellung (-en)	order, booking
bestimmt sein für	to be intended for
beträchtlich	considerable
der Betrag (¨e)	amount, sum of money
betragen	to amount to, come to
sich belaufen auf (acc.)	to amount to, come to
der Betrieb (-e)	operation, working
in Betrieb	in service
außer Betrieb	out of service, out of order
das Betriebsklima	atmosphere at work
bewerben sich (um eine Stelle)	to apply (for a post)
der Bewerber, die Bewerberin (-nen)	applicant (male, female)
die Bewerbung (-en)	application
bezeichnen	to designate, characterise, mark, show
die Bezeichnung (-en)	designation, description
sich beziehen auf (acc.)	to refer to
beziehungsweise	respectively, that is to say
der Bezug (¨e)	reference
unter Bezugnahme auf (acc.)	with reference to
die Bezugsquelle (n)	source of supply
die Bitte (n)	request
bitten um (acc.)	to request, ask for
der Bleistift (-e)	pencil
die Bleistiftspitzmaschine (-n)	pencil-sharpener (machine)
der Bleistiftspitzer (-)	pencil-sharpener
die Branche (-n)	branch
branchekundig	expert, with specialised knowledge
der Brief (-e)	letter
der Briefbeschwerer (-)	paper-weight
der Briefbogen (-) (¨)	sheet of letter-paper

der Briefeinwurf (⁝e)	post-box slit (where letters are posted)
der Briefkasten (-) (⁝)	post-box, letter-box
der Briefkopf (⁝e)	letter-heading
das Briefpapier (-e)	letter-paper
vorgedrucktes Briefpapier	printed letter-paper
die Briefmarke (-n)	postage stamp
das Briefmarkenheft (-e)	book of postage stamps
die Briefwaage (-n)	letter weighing-scales
der Briefwechsel (-)	correspondence
die Broschüre (-n)	brochure
buchen	to book
das Büro (-s)	office
der Büroarbeiter (-)	office-worker, clerk
die Büroklammer (-n)	paper-clip

C

der Chef (-s)	boss (masculine)
die Chefin (-nen)	boss (feminine)

D

darauf *hin*weisen, daß	to point out that
*dar*stellen	to represent, present
das Datum (-en)	date
dementsprechend	accordingly
diesbezüglich	referring to this
das Diktat (-e)	dictation
diktieren	to dictate
das Diktiergerät (-e)	dictaphone, dictating machine
das Direktionssekretariat (-e)	managing director's office
Dipl.Ing.	qualified engineer
der Dolmetscher (-)	interpreter (masculine)
die Dolmetscherin (-nen)	interpreter (feminine)
drahten	to telegraph, to wire
drahtlich	by telegram, by wire
die Drehscheibe (-n)	dial
der Drehstuhl (⁝e)	swivel-chair
dringend	urgent
die Drucksache (-n)	printed matter
der Durchschlag (⁝e)	copy (on typewriter)

das Durchschlagpapier (-e)	copy paper (for typing)
der Durchschnitt (-e)	average
durchschnittlich	on the average

E

die Eilpost	express post
die Einladung (-en)	invitation
die Einnahme (-n)	revenue
die Einnahmequelle (-n)	source of revenue
*ein*ordnen	to file (documents)
einschließlich	including, inclusive
*ein*schreiben	to register (post)
*ein*werfen	to post, to insert (coins)
der Einzelpreis (-e)	price for a single item
der Empfänger (-)	recipient
die Empfangsdame (-n)	receptionist
das Entgegenkommen	co-operation, helpfulness, kindness
*entgegen*sehen (dat.)	to look forward to (in business letters)
entrichten	to pay off, take care of, discharge
die Entschuldigung (-en)	excuse, apology
entsprechen (dat.)	to correspond to
der Erdteil (-e)	continent
die Erfahrung (-en)	experience
erhöht	increased, raised
sich erkundigen	to find out, inquire
die Erkundigung (-en)	inquiry
erledigen	to take care of, discharge, see to, settle
die Erledigung (-en)	discharge, carrying out, completing, settling
eröffnen	to set up, open up
der Ersatz	compensation, substitute
die Ersatzlieferung (-en)	replacement delivery, delivery in lieu of
ersehen aus (dat.)	to gather from, see from (some document)
ersetzen	to replace, be a substitute for
eventuell	perhaps, probable
das Exemplar (-e)	single copy, specimen

F

die Fabrik (-en)	factory
Fachkenntnis (-se)	specialised knowledge

die Fähigkeit (-en)	ability, capability, qualification
die Faktura (-en)	invoice
das Ferngespräch (-e)	long-distance call
der Fernsprecher (-)	telephone
der Fernsprechteilnehmer (-)	(telephone) subscriber
die Feuerwehr	fire-brigade
die Firma (-en)	firm
das Formular (-e)	form, formular
fortschrittlich	progressive
der Frachtbrief (-e)	bill of lading
frankieren	to stamp, put a postage stamp on
*frei*machen	to pay postage on, to frank
Fühlung nehmen mit	to confer with, contact, get in touch touch with
fundiert	well-grounded, firmly-based

G

ganztägig (adj.)	a whole day's
die Gebühr (-en)	fee, charge, cost
die Gebührenangabe (-n)	A.D.C. (advise cost and duration for a telephone call)
gebürtig	native of
das Gehalt (¨er)	salary
die Geldanweisung (-en)	postal-order, money-order
die Geldkassette (-n)	cash-box
gelegen an (dat.)	keen on, concerned about, particularly interested in
genügen (dat.)	to suffice
das Gerät (-e)	equipment, set, instrument
gerichtlich *vor*gehen	to take legal action
der Gesamtbetrag (¨e)	total amount
die Gesamtschuld (-en)	total debt
das Geschäft (-e)	business, trade
das Geschäftshaus (¨er)	business-house, trading-company firm
die Geschwindigkeit (-en)	speed
das Gespräch (-e)	conversation
das Gewicht (-e)	weight
global (Preis)	inclusive (price)
das Gros	gross (12 × 12)
die Größe (-n)	size
die Gruppenfahrt (-en)	group travel, party travel
gültig	valid
die Gültigkeit	validity

| der Gummistiefel (-) | rubber-boot, Wellington |
| die Gutschrift (-en) | credit-entry |

H

der Hafen (⸚)	harbour, port
frei Hafen	free port
zu Händen von	for the attention of (at top of letter)
handgeschrieben	hand-written, in own handwriting
der Handel	trade, commerce
die Handelskammer (-n)	Chamber of Commerce
es handelt sich um	it is a question of, it is a matter of, it is concerned with
die Haube (-n)	cover, lid
häufig	frequent, often
das Hauptbüro	head office
der Hauptsitz	head quarters
die Hauptverwaltung	central office, head office
frei Haus	free house
die Heftklammer (-n)	staple
die Heftmaschine (-n)	stapler
heutig	today's, of today
*hin*weisen	to indicate, allude to, point out
die Hoffnung (-en)	hope
der Hörer (-)	receiver (telephone)

I

imponieren (dat.)	to impress, make a good impression
die Industrie (n)	industry
industriell	industrial
das Inserat (-e)	advertisement, announcement (in publication)

J

| der Journalist (-en) | journalist |

K

die Kartei (-en)	card-index
die Karteikarte (-n)	filing card
der Kassenskonto (-s)	cash-discount

der Kaufmann (-leute)	business-man
kaufmännisch	commercial
das Kilometergeld	mileage (car allowance per mile paid to travellers)
das Kleingeld	small change
der Knopf (¨e)	button
das Kohlepapier (-e)	carbon-paper
der Kollege (-n)	colleague (masculine)
die Kollegin (-nen)	colleague (feminine)
die Konferenz (-en)	conference
die Konkurrenz (-en)	competition
konkurrenzfähig	competitive
das Konnossement (-e)	bill of lading
der Kontinent (-e)	continent
das Konto (-en)	account
ein Konto eröffnen	to open an account
der Kontoauszug (¨e)	statement of account
der Kontoinhaber (-)	person who has an account
der Kontorist (-en)	clerk (masculine)
die Kontoristin (-nen)	clerk (feminine)
der Kopfhörer (-)	head phones
die Korrekturflüssigkeit (-en)	correction fluid
der Kugelschreiber (-), der Kuli (-s)	ballpoint pen
der Kühlschrank (¨e)	refrigerator
der Kunde (-n)	customer, client (masculine)
die Kundin (-nen)	customer, client (feminine)
die Kundschaft	custom, clientele
die Kurzschrift	shorthand

L

der Laden (¨)	shop
der Ladeschein (-e)	bill of lading
die Ladenaufsicht	supervision of shop
die Lage (-n)	situation, state of affairs
in der Lage sein	to be in a position to
das Lager (-)	stock
auf Lager haben	to have in stock
das Lagerhaus (¨er)	warehouse
laufend	the whole time, continually
der Lebenslauf (¨e)	curriculum vitæ
die Leistung (-en)	achievement, accomplishment, efficiency
leistungsgemäß	commensurate with ability
die Leitung (-en)	management, direction
der Lieferant (-en)	supplier, deliverer
liefern	to deliver, supply
die Lieferung (-en)	delivery

die Lieferfrist (-en)	date of delivery, delivery date
der Liefertermin (-e)	date of delivery, delivery date
die Lieferverzögerung (-en)	delay in delivery
die Lieferzeit (-en)	time of delivery
der Locher (-)	punch (cf. picture)
die Luftpost	air-mail
der Luftpostbriefkasten (-) (∵)	airmail post-box

M

mahnen	to remind, warn
die Mahnung (-en)	reminder, warning, admonishment
die Maschine (-n)	machine
das Maschinenschreiben	typing, typewriting
das Maß (-e)	measure, measurement
die Matrize (-n)	stencil, matrix
sich melden	to answer (telephone call)
die Messe (-n)	fair
das Mikrophon (-e)	microphone
*mit*teilen (dat.)	to inform
die Mitteilung (-en)	communication
die Münze (-n)	coin
das Muster (-)	sample, specimen
Muster ohne Wert	"sample" (written on envelope)
die Musterkollektion (-en)	selection of samples

N

die Nachnahme	delivery
per Nachnahme	C.O.D. cash on delivery
*nach*schauen	to look something up
das Nachschlagewerk (-e)	reference book
*nach*senden	to forward (post)
bitte nachsenden	please forward
die Nähmaschine (-n)	sewing-machine
der Nebenanschluß (∵sse)	party (telephone) line
die Nebenstelle (-n)	extension (telephone)
neuzeitlich	modern, contemporary
der Notizblock (∵e)	note-pad

O

obenerwähnt	above-mentioned
obengenannt	above-named

offenstehend	unsettled, unpaid, outstanding (bills)
die Offerte	offer
der Ordner (-)	letter-file (cf. picture)
das Ortsblatt (⁀er)	local newspaper
das Ortsgespräch (-e)	local-call

P

das Paket (-e)	parcel
die Paketkarte (-n)	parcel-form (to fill in at Post Office)
das Papier (-e)	paper
der Papierkorb (⁀e)	waste-paper basket
der Pappkarton (-s)	cardboard box
das Personal	staff, personnel
die Personalabteilung (-en)	personnel department
die Personalstelle (-n)	personnel section
die Post	post, mail, postal system
die Postabteilung (-en)	post department
das Postamt (⁀er)	post office
der Postbezirk (-e)	postal district
der Postbus (-se)	post bus
der Posten (-)	post, situation; item, lot, batch
postlagernd	poste restante
die Postleitzahl (-en)	postal code
der Postscheck (-s)	postal cheque
das Postscheckkonto (-en)	postal-cheque account
das Postschließfach (⁀er)	private P.O. letter-box
die Postschließfachnummer (-n)	P.O. letter-box number
die Postsparkasse (-n)	post-office savings bank
der Postwagen (-)	post-office van
postwendend	by return of post, immediately
das Postwertzeichen (-)	postage stamp
das Postwesen	postal system
die Praxis, in der Praxis	practice (opp. of theory), in practice
der Preis (-e)	price
die Preisliste (-n)	price-list
die Preissteigerung (-en)	rise, increase in price
das Preisverzeichnis (-se)	price-list
die Probe (-n)	trial, test
der Probeauftrag (⁀e)	trial order
die Probebestellung (-en)	trial order
die Proforma-Rechnung (-en)	pro forma invoice
der Prokurist (-en)	chief clerk
der Prospekt (-e)	prospectus
die Provision (-en)	agent's commission

Q

die Qualität (-en)	quality
die Quantität (-en)	quantity
die Quittung (-en)	receipt (inwriting)

R

der Rabatt (-e)	discount
die Rechenmaschine (-n)	calculator
die Rechnung (-en)	bill, account
in Rechnung stellen	to invoice
der Redakteur (-e)	editor
die Redaktion (-en)	editor's office
die Referenz (-en)	reference
die Regierung (-en)	government
die Reklame (-n)	advertising, advertisement, publicity
das Reklamematerial (-ien)	advertising material
das R-Gespräch (-e)	reversed charges call
die Reise (-n)	journey
der Reisende (-n), ein Reisender	traveller
die Reiseabteilung (-en)	travel section, department
das Reisebüro (-s)	travel agency
die Reiseschreibmaschine (-n)	portable typewriter
revidieren	to revise, check, audit
die Rückäußerung (-en)	answer, reply
die Rückfrage (-n)	check-back, further inquiry
die Rückstände	arrears
rückständig	outstanding, overdue
rückvergüten	re-imburse, pay back
das Rundschreiben (-)	circular

S

der Saldo (-s) (-en)	balance (in accounts)
der Satz (-̈e)	rate
der Schalter (-)	counter (in post-office) ticket-window
der Scheck (-s)	cheque
das Scheckbuch (-̈er)	cheque-book
die Schiffahrt (-en)	shipping
der Schiffsmakler (-)	shipping agent
die Schlußformel (-n)	complimentary close, conclusion of letter

das Schreiben (-)	letter
die Schreibkraft (¨e)	clerk, office worker, typist (not a professional title)
die Schreibmaschine (-n)	typewriter
der Schreibmaschinentisch (-e)	typewriter-table
der Schreibtisch (-e)	writing-desk
die Schreibtischlampe (-n)	table-lamp
schriftlich	in writing
das Schriftstück (-e)	document, paper
die Schublade (-n)	drawer
die Schuld (-en)	debt (usually plural)
die Schwierigkeit (-en)	difficulty
auf Schwierigkeiten stoßen	to come up against difficulties
in vollem Schwung	in full swing
seefest	sea-worthy
seemäßig	sea-worthy
die Sekretärin (-nen)	secretary
selbständig	independent, on one's own initiative
der Selbstfahrer (-)	driver (self-drive)
der Selbstwähldienst	automatic dialling
die Silbe (-n)	syllable
die Sitzung (-en)	session, meeting, conference
die Sorgfalt	care, accuracy
sorgfältig	carefully, with great care
die Speditionsnota (-en)	despatch note
sperren	to block, cut off (telephone)
der Staat (-en)	state
*statt*finden	to take place
steigen	to rise, increase, go up
die Stellungnahme (-n)	point of view, opinion
der Stempel (-)	(rubber) stamp
das Stempelkissen (-)	ink-pad
der Stenoblock (¨e)	shorthand pad
die Stenographie (-grafie)	shorthand, stenography
stenographieren (-grafieren)	to write in shorthand
die Stenotypistin (-nen)	shorthand-typist
der Streik (-s)	strike
der Bummelstreik	"go slow"
die Strumpfwaren	hosiery
stoßen	to bump into, come up against
das Stück (-e)	piece, item
pro Stück	per piece, each

T

die Tageszeitung (-en)	daily newspaper
die Taste (-n)	key (on typewriter, piano)
die Tastatur (-en)	key-board
tätig sein	to be employed, to be active
die Tätigkeit (-en)	employment, activity
*teil*nehmen an (dat.)	to take part in
die Teilzahlung (-en)	part-payment
das Telefon (-e) (*or* -phon)	telephone
das Telefonbuch (¨er)	telephone directory
telefonieren	to telephone, ring up
die Telefonnummer (-n)	telephone number
die Telefonzelle (-n)	telephone booth/box
das Telegramm (-e)	telegram
der Termin (-e)	agreed, fixed date, closing date
der Tesafilm (-e)	sellotape
tilgen	to discharge, pay off
der Tintenlöscher (-)	blotter
das Tonband (¨er)	tape (for tape-recorder)
der Tonbandapparat (-e)	tape-recorder

U

überfällig	overdue
die Überschrift (-en)	heading, title
der Übersetzer (-)	translator
übertragen	to transfer, carry forward; to transmit; to translate
überweisen	to transfer, remit (money)
die Umgangssprache	colloquial language
umgehend	by return of post, immediately
der Umschlag (¨e)	envelope
unerläßlich	indispensable, not to be left out
die Unkosten	expenses, costs, charges
die Unterkunft	lodgings
die Unterlage (-n)	documents, written proof, papers
unternehmen	to undertake
das Unternehmen (-)	(business) concern, undertaking
der Unternehmer (-)	contractor
die Unternehmung (-en)	undertaking, concern, enterprise
unterschreiben	to sign
die Unterschrift (-en)	signature
die Unterschriftenmappe (-n)	folder (for letters awaiting signature)

unterzeichnen	to sign
unvermeidlich	unavoidable
der Ursprung (¨e)	origin
ursprünglich	originally

V

veranstalten	to organise, arrange
die Verantwortung	responsibility
verantwortungsfreudig	willing to take responsibility
verantwortungsvoll	responsible (of disposition)
verarbeitet (gut)	manufactured well finished
die Verbindung (-en)	connection, contact
in Verbindung setzen	to get in touch with
verbunden (adj.)	obliged
vereinbart (adj.)	agreed, arranged
verfügen über (acc.)	to have at one's disposal, to possess
zur Verfügung sein, stehen (dat.)	
vergleichen	to compare
die Vergütung	reimbursement, refund
die Verhandlung (-en)	negotiation
der Verkauf (¨e)	sale
der Verkäufer (-)	seller, salesman
die Verkäuferin (-nen)	sales-woman
die Verkaufsabteilung (-en)	sales department
die Verkaufskraft (¨e)	counter-hand, salesman/woman
der Verkaufsleiter (-)	sales director
der Verkehr	traffic; business-activity
verladen	to dispatch, ship
auf Verlangen	on request, on demand
die Verordnung (-en)	order, regulation
die Verpackung	packing
sich verpflichten (zu)	to undertake to
verpflichtet sein (dat.)	to be obliged, grateful
der Versand	dispatch
versandbereit	ready for dispatch
das Versehen	oversight
aus Versehen	by mistake
versichern	to insure
versichern (dat.)	to assure, promise someone
der Vertrag (¨e)	agreement, contract
die Vertragsaufstellung	drawing up of contract
vertraulich	confidential, personal
strengste Vertraulichkeit	strictest confidence
vertreten	to represent

der Vertreter (-)	representative, agent
die Vertretung (-en)	agency; representation
der Vertrieb	sale, market
vervielfältigen	to duplicate
der Vervielfältiger (-)	duplicator
der Vervielfältigungsapparat (-e)	duplicating machine
die Verwaltung (-en)	administration, management
verweisen auf (acc)	to refer someone to something
das Verzeichnis (-se)	list, inventory, table of contents
die Verzögerung (-en)	delay, hold-up
verzollen	to declare (to customs)
der Verzug (⸚e)	delay
der Viersitzer (-)	four-seater (car)
im voraus	in advance
vorausgesetzt, daß	provided that
die Voraussetzung (-en)	provision, presupposition
der Vormerkkalender (-)	engagement-calendar
der Vorrat (⸚e)	stock, supply
vorrätig	in stock, in supply
die Vorschrift (-en)	regulation, rule
*vor*sprechen	to call in (on someone), to call and see
*vor*stehen	to be in charge of
der Vorsteher (-)	manager, director

W

wählen	to choose, select, dial
die Währung (-en)	currency (of the country)
(Devisen)	foreign currency
der Wandkalender (-)	wall-calendar
das Wechselgeld	change (small money for a large coin or note)
die Weiterbeförderung	forwarding
die Werbung	publicity, advertising
das Werk (-e)	work (of reference, literature); works, factory
wert	worth, of value
der Wert (-e)	worth, value
das Wertzeichenheft	book of stamps
der Wettbewerb	competition
wettbewerbsfähig	competitive
widerrufen	to cancel, revoke
wohnhaft	resident
der Wortschatz	vocabulary

Z

der Zähler (-)	meter (measurer)
die Zahlkarte (-n)	payment form (cf. picture)
die Zahlung (-en)	payment
die Zahlungsbedingungen	terms, conditions of payment
der Zeitungsausschnitt (-e)	newspaper cutting
die Zentrale (-n)	telephone exchange; central office
das Zeugnis (-se)	testimonial
die Zeugnisabschrift (-en)	copy of a testimonial
der Zoll (⁻e)	customs (duty)
die Zollabfertigung (-en)	customs clearance
das Zollamt (⁻er)	customs office
die Zollbehörde (-n)	customs authority, board
die Zollgebühr (-en)	customs tariff, charge
die Zollstrafe (-n)	customs fine
zufriedenstellend	satisfactory
*zu*kommen (lassen)	to send, to let someone have
*zurück*führen auf (acc.)	to trace back to, account for by
*zurück*kommen auf (acc.)	to come back to, return to, revert to (subject already mentioned)
*zu*sagen (dat.)	to agree (to)
*zusammen*heften	to staple together, clip together
die Zusammenkunft (⁻e)	meeting, get-together
die Zuschrift (-en)	letter, communication

GLOSSARY

English - German

A

to abbreviate	*ab*kürzen
abbreviation	die Abkürzung
above-mentioned	obenerwähnt
above-named	obengenannt
to accelerate	beschleunigen
acceptance	die Annahme (-n)
accomplishment	die Leistung (-en)
accordingly	dementsprechend
account (bill)	die Rechnung (-en)
account (at bank)	das Konto (-en)
(to open an) account	ein Konto eröffnen
(statement of) account	der Kontoauszug (-̈e)
to be accounted for by, to be due to	*zurück*führen auf (acc.)
achievement	die Leistung (-en)
to acknowledge	den Empfang bestätigen
to adapt	*an*passen
A.D.C. (telephone)	die Gebührenangabe
additional	zusätzlich
address	die Adresse (-n), die Anschrift (-en)
address (in speaking)	die Anrede (-n)
address-book	das Adreßbuch (-̈er)
to adjust	*an*passen
administration	die Verwaltung (-en)
(in) advance	im voraus
advancement (possibility for)	Aufstiegsmöglichkeiten (pl.)
advertisement (commercial)	die Reklame (-n)
advertisement (in publication)	die Anzeige (-n), das Inserat (-e)
advertising (publicity)	die Werbung, die Reklame (-n)
affair, matter	die Angelegenheit (-en)
to affirm	bejahen
(in the) affirmative case	im bejahenden Fall
agency (for products)	die Agentur (-en), die Vertretung (-en)
agent	der Agent (-en)
agent's contract	der Agenturvertrag (-̈e)

to agree (to)	zusagen (Dat.)
agreed (adj.)	vereinbart
agreement (contract)	der Vertrag (¨e)
agreement (arrangement)	das Abkommen (-)
airmail	die Luftpost
(by) airmail	mit (per) Luftpost
airmail postbox	der Luftpostbriefkasten (-), (¨)
amount	der Betrag (¨e)
to amount to	sich belaufen auf (acc.), betragen
answer (to)	die Antwort (-en) auf (acc.)
	die Rückäusserung (-en)
	die Beantwortung (gen.)
to answer (letter)	antworten auf (acc.)
	beantworten
to answer the telephone	sich melden
to announce	melden, *an*melden
announcement (in a publication)	die Anzeige (-n), die Annonce (-n)
apology	die Entschuldigung (-en)
apparatus	der Apparat (-e), das Gerät (-e)
applicant	der Bewerber (-), die Bewerberin (-nen)
application	die Bewerbung (-en)
application form	das Antragsformular (-e)
to apply for	sich um (eine Stelle) bewerben
to appoint (an employee)	*an*stellen
arranged, agreed (adj.)	vereinbart
arrangement, (agreement)	das Abkommen (-)
arrangement, (plan)	die Anordnung (-en)
to make arrangements	Anordnungen treffen
at a price of	zum Preise von
attention	die Aufmerksamkeit
(to draw) attention to	aufmerksam machen auf (acc.)
(for the) attention of	zu Händen von
to audit	revidieren
authority (board)	die Behörde (-n)
automatic dialling	der Selbstwähldienst
automatic (machine)	der Automat (-en)
average	der Durchschnitt
average (adj.)	durchschnittlich, Durchschnitts-

B

basis	die Basis (-en)
(on the) basis	auf der Basis
balance (in accounts)	der Saldo (-s) (-en)

balance (remainder)	der Restbetrag (⁻e)
ballpoint pen	der Kugelschreiber (-), der Kuli (-s)
batch	der Posten (-)
to be behind with	im Rückstand sein mit
bilingual	zweisprachig
bill (invoice)	die Rechnung (-en)
bill of lading	der Frachtbrief (-e), der Ladeschein (-e)
(by) birth	gebürtig
to block	sperren
blotter	der Tintenlöscher (-)
blotting-paper	das Löschpapier
to book	buchen, bestellen, reservieren, vorbestellen
booking	die Vorbestellung (-en) die Reservierung (-en)
book of stamps	das Briefmarkenheft (-e) das Wertzeichenheft (-e)
boss	der Chef (-s), die Chefin (-nen)
branch	die Branche (-n), die Filiale (-n) das Zweiggeschäft (-e), die Niederlassung (-en)
brochure	die Broschüre (-n)
business	das Geschäft (-e)
business activity	der Verkehr
business concern	das Unternehmen (-), die Unternehmung (-en)
business firm	das Geschäftshaus (⁻er)
business letter	der Geschäftsbrief (-e)
businessman	der Kaufmann (-leute) der Geschäftsmann (⁻er) (-leute)
business matter	die Geschäftsangelegenheit (-en)
business trip	die Geschäftsreise (-n)
button (knob)	der Knopf (⁻e)
buyer (customer)	der Abnehmer (-)

C

calculator	die Rechenmaschine (-n)
to call in (to see someone)	vorsprechen bei (dat.)
camera	der Photoapparat (-e)
to cancel	widerrufen
canteen	die Kantine (-n)
capability	die Fähigkeit (-en)
car allowance (petrol)	das Kilometergeld
carbon-paper	das Kohlepapier (-e)
cardboard box	der Pappkarton (-s)

card-index file	die Kartothek (-en) der Karteischrank (¨e)
care	die Sorgfalt
with care	sorgfältig
career	die Laufbahn (-en)
(employment up to date)	der Werdegang
cash	das Bargeld
to pay cash	bar zahlen
cash box	die Geldkassette (-n)
to cash a cheque	einen Scheck *ein*lösen
catalogue	der Katalog (-e), das Verzeichnis (-se)
central office	die Zentrale (-n)
change (small money)	das Wechselgeld
charge (fee)	die Gebühr (-en)
(to be in) charge of	*vor*stehen
to charge	berechnen
to check	nachfragen, kontrollieren
check-back	die Rückfrage (-n)
cheque	der Scheck (-s)
cheque book	das Scheckbuch (¨er), das Scheckheft (-e)
to choose	wählen
circular	das Rundschreiben (-)
civil servant	der Beamte (-n)
claim	der Anspruch (¨e)
to have a claim to	Anspruch haben auf (acc.)
to clear through customs	abfertigen
clerk	der Büroarbeiter (-), die Kontoristin (-nen), der Kontorist (-en)
(head) clerk	der Prokurist (-en)
client	der Kunde (-n), die Kundin (-nen)
client with an account	der Kontoinhaber (-)
to, clip together	*zusammen*heften
coin	die Münze (-n)
colleague	der Kollege (-n), die Kollegin (-nen)
colloquial language	die Umgangssprache
comment	die Bemerkung (-en)
commensurate with ability	leistungsgemäß
commerce	der Handel
commercial	kaufmännisch, Handels-
commission (agent's percentage)	die Provision (-en)
commission (order)	der Auftrag (¨e), die Bestellung (-en)
to commission	beauftragen (Personen) bestellen (Waren)
communication (in writing)	die Zuschrift (-en), das Schreiben (-)
to compare	vergleichen
comparison	der Vergleich (e-)

compensation	der Schadenersatz
competition	die Konkurrenz ,der Wettbewerb
competitive	konkurrenzfähig, wettbewerbsfähig
to complain (about)	sich beschweren (über) (acc.)
	klagen (über) (acc.)
complaint	die Beschwerde (-n), die Klage (-n)
(legal)	die Anklage (-n)
comprehensive	ausführlich
to conclude	*ab*schließen
conclusion (of letter)	die Schlußformel (-n)
condition of payment	die Zahlungsbedingungen (pl.)
conditions of work	die Arbeitsbedingungen (pl.)
to confer with	Fühlung nehmen mit
conference	die Konferenz (-en), die Besprechung
	(-en)
(strictest) confidence	strengste Vertraulichkeit
confidential	vertraulich
to confirm	bestätigen
confirmation	die Bestätigung (-en)
confirmation of order	die Auftragsbestätigung
connection	die Verbindung (-en)
	der Anschluß (¨sse)
considerable	beträchtlich
to take into consideration	berücksichtigen
consignment	die Sendung (-en)
to be conspicuous	*auf*fallen
contact	der Anschluß (¨sse)
contemporary	neuzeitlich
continually	laufend, dauernd
continent	der Kontinent (-e), der Erdteil (-e)
contract	der Vertrag (¨e)
drawing up of a contract	die Vertragsaufstellung (-en)
contractor	der Unternehmer (-)
to be convenient	passen (dat.)
to be conversant with	vertraut sein mit (dat.)
conversation	das Gespräch (-e)
copy (of publication)	das Exemplar (-e)
copy (from written text)	die Abschrift (-en)
copy (imitation, or transcript)	die Kopie (-n)
copy (2 or more on typewriter)	der Durchschlag (¨e)
copy-paper	das Durchschlagpapier (-e)
correction fluid	die Korrektorflüssigkeit (-en)
to correspond to	entsprechen
correspondence	der Briefwechsel, die Korrespondenz
counter (in Post Office)	der Schalter (-)
counter-hand	die Verkaufskraft (¨e)
cover (of typewriter)	die Haube (-n)

114

crate	die Lattenkiste (-n)
credit note	die Gutschrift (-en)
currency	die Währung (-en)
foreign currency	die Devisen (pl.)
curriculum vitæ	der Lebenslauf (-̈e)
custom	die Kundschaft
customer	der Kunde (-n), die Kundin (-nen)
customs (duty)	der Zoll (-̈e)
customs authority	die Zollbehörde (-n)
customs clearance	die Zollabfertigung (-en)
customs fine	die Zollstrafe (-n)
customs tariff	die Zollgebühr (-en)

D

daily	täglich
daily newspaper	die Tageszeitung (-en)
data	die Einzelheiten (pl.)
date	das Datum (-ten)
date fixed or agreed on	der Termin (-e)
to deal with, see to, take care of,	sich befassen mit, erledigen
debt	die Schuld (-en)
to declare (at customs)	verzollen
to deduct	*ab*ziehen
delay	die Verzögerung (-en), der Verzug (-̈e)
delay in delivery	die Lieferverzögerung (-en)
to deliver	liefern
to deliver (mail, newspapers)	*aus*tragen
to be delivered (of goods)	zur Auslieferung kommen
delivery	die Lieferung (-en)
cash on delivery (C.O.D.)	per Nachnahme
delivery date	die Lieferfrist (-en), der Liefertermin (-e)
(earliest possible) delivery date	die kürzeste Lieferfrist
delivery time	die Lieferzeit (-en)
demand (for goods)	die Nachfrage
(on) demand	auf Verlangen
department	die Abteilung (-en)
to designate	bezeichnen
designation	die Bezeichnung (-en)
detailed	ausführlich
to dial	wählen
dial (telephone)	die Drehscheibe (-n)
to dictate	diktieren
dictation	das Diktat (-e)
dictating machine	das Diktiergerät (-e)

difficulty	die Schwierigkeit (-en)
to come up against difficulties	auf Schwierigkeiten stoßen
to discharge (perform)	entrichten
discount (for cash)	der/das Kassenskonto (-s)
dispatch	der Versand
to dispatch	versenden, *ab*senden
dispatch note	die Speditionsnota (-en)
to display	*aus*stellen
display	die Ausstellung (-en)
to have at one's disposal	verfügen über (acc.)
to be at someone's disposal	jemandem zur Verfügung stehen
distribution	die Ausgabe, die Verteilung
document	das Schriftstück (-e)
document (written support)	die Unterlage (-n)
to draft	entwerfen, *auf*setzen
draft	der Entwurf (⁻e)
to draw out (money)	*ab*heben
drawer	die Schublade (-n)
driver	der Fahrer (-)
owner-driver	der Selbstfahrer (-)
in due course	zu gegebener Zeit
to duplicate	vervielfältigen
in duplicate	in zweifacher Ausfertigung
	in doppelter Ausfertigung
duplicator	der Vervielfältiger (-), der Vervielfältigungsapparat (-e)

E

editor	der Redakteur (-e)
editor's office	die Redaktion (-en)
edition	die Ausgabe (-n)
effort	die Bemühung (-en)
(to make an) effort	sich bemühen
to employ	beschäftigen, *an*stellen (engage)
(to be) employed	tätig sein
employee	der Angestellte (-n) (ein Angestellter), der Arbeitnehmer (-)
employer	der Arbeitgeber (-)
employment	die Beschäftigung (-en)
full employment	Vollbeschäftigung
to enclose	*bei*legen
enclosed	beiliegend
enclosure	die Beilage (-n)

to endeavour	sich bemühen
endeavour	die Bemühung (-en)
to engage (employee)	*an*stellen
engaged	besetzt
engagement calendar	der Vormerkkalender (-)
enterprise	die Unternehmung (-en), das Unternehmen (-)
entry permit	die Einreiseerlaubnis (-se)
envelope	der Umschlag (¨e), das Kuvert (-s) (-en)
equipment	der Apparat (-e), das Gerät (-e), die Einrichtung (-en)
exchange (telephone)	die Zentrale, das Telefonamt
excuse	die Entschuldigung (-en)
to excuse	entschuldigen
to execute	*aus*führen
execution	die Ausführung
to exhibit	*aus*stellen
exhibition	die Ausstellung (-en)
expenses	die Unkosten, die Ausgaben
experience	die Erfahrung (-en)
expert	der Fachmann (-leute), der Spezialist (-en), der Expert (-en), der Sachverständige (-n)
expert (adj.)	expert, fachkundig
expert (in one branch)	branchekundig
express post	die Eilpost
expression	der Ausdruck (¨e)
to give expression to	Ausdruck geben (dat.)

F

factory	die Fabrik (-en)
fair	die Messe (-n)
fee	die Gebühr (-en)
to fetch	holen, *ab*holen
to file (papers)	*ein*ordnen, *ab*legen
filing-cabinet	der Aktenschrank (¨e)
to fill in (forms)	*aus*füllen
to find out (inquire)	sich erkundigen
fire-brigade	die Feuerwehr (-en)
firm	die Firma (-en)
fixed date	der Termin (-e)

foreign correspondent	der Auslandskorrespondent (-en),
	die Auslandskorrespondentin (-nen)
form (document)	das Formular (-e)
to be forthcoming	zum Vorschein kommen
fourseater (car)	der Viersitzer (-)
to forward	*nach*schicken, *nach*senden
please forward	bitte nachsenden
to look forward to	*entgegen*sehen (dat.)
(in business letter)	
fragile	zerbrechlich
frequently	häufig, oft
frontier	die Grenze (-n)
free frontier	frei Grenze
further inquiry	die Rückfrage (-n)

G

to gather from (written document)	ersehen aus (dat.)
to gather (generally)	erfahren
government	die Regierung (-en)
gross (12 doz.)	das Gros

H

hand-written	handgeschrieben
to handle with care	sorgfältig behandeln
harbour	der Hafen (⁀)
to have (a post)	(eine Stelle) bekleiden
heading	die Überschrift (-en)
head office	die Hauptverwaltung
head phones	der Kopfhörer (-)
head quarters	der Hauptsitz
to hire	mieten
to hold office	ein Amt bekleiden
hold-up (delay)	die Verzögerung (-en)
hope	die Hoffnung (-en)
free house	frei Haus

I

to impress, make a good	imponieren (dat.)
impression on	
inclusive	einschließlich
to increase	steigen (intrans.), erhöhen

increased	erhöht
independent, -ly (on own initiative)	selbständig
to indicate	*hin*weisen auf (acc.)
indispensable	unentbehrlich, unerläßlich
industrial	industriell
industry	die Industrie (-n)
to inform	benachrichtigen (acc.) *mit*teilen (dat.)
information (can be plural in German)	die Auskunft (⁀e)
ink-pad	das Stempelkissen (-)
inkpot	das Tintenfaß (⁀sser)
to inquire	sich erkundigen, anfragen
inquiry	die Erkundigung (-en), die Anfrage (-n)
(further) inquiry	die Rückfrage (-n)
inscription (heading, description or sign above)	die Aufschrift (-en)
to insert (coins)	*ein*werfen
instruction	die Anweisung (-en)
to insure	versichern
insurance	die Versicherung
to interchange	*aus*wechseln
interpreter	der Dolmetscher (-), die Dolmetscherin (-nen)
to investigate	untersuchen, *nach*gehen (dat.)
investment	die Geldanlage (-n)
invitation	die Einladung (-en)
invoice	die Faktura (-en), die Rechnung (-en)

J

job	die Stelle (-n), die Stellung (-en), der Posten (-)
journey	die Reise (-n)
journalist	der Journalist (-en)

K

keen on (I am keen on)	einem gelegen sein an (dat. impersonal) (mir ist sehr daran gelegen ...)
key (typewriter)	die Taste (-n)
key	der Schlüssel (-)

keyboard	die Tastatur (-en)
(to let someone) know	jemandem Bescheid geben, sagen
knowledge	die Kenntnis (-se)
(also plural in German)	
(specialised) knowledge	die Fachkenntnisse (pl)

L

labour costs	Arbeitskosten
letter	der Brief (-e), das Schreiben (-),
letter (communication)	die Zuschrift (-en)
letter-box	der Briefkasten (-), (·)
letter file (box-file)	der Ordner (-)
letter-heading	der Briefkopf (·e)
letter paper	das Briefpapier (-e)
(printed) letter paper	vorgedrucktes Briefpapier
letter weighing-scales	die Briefwaage (-n)
lid (typewriter)	die Haube (-n)
list	die Liste (-n), das Verzeichnis (-se)
local newspaper	das Ortsblatt (·er)
local telephone call	das Ortsgespräch (-e)
to look forward to	*entgegen*sehen (dat.)
to look something up	*nach*schauen
loss	der Verlust (-e)
(profit and) loss	Gewinn und Verlust

M

machine	die Maschine (-n)
management	die Leitung, die Verwaltung, die Direktion
manager	der Manager (-), der Direktor (-en), der Leiter (einer Abteilung)
managing director's office	das Direktionssekretariat
margin of profit	die Gewinnspanne (-n)
material	das Material (-ien), der Stoff (-e)
it is a matter of	es handelt sich um (acc.)
matrix	die Matrize (-n)
measure, measurement	das Maß (-e)
meeting	die Zusammenkunft (·e), das Meeting (-s)
	die Sitzung (-en)
message	der Bescheid (usually jemandem Bescheid geben, sagen)

meter (counter)	der Zähler (-)
microphone	das Mikrophon (-e)
mileage (money for petrol)	das Kilometergeld
money	das Geld
money-order	die Geldanweisung (-en)

N

native of (born in)	gebürtig (eine gebürtige Berlinerin)
to need	benötigen
negotiation	die Verhandlung (-en)
newspaper	die Zeitung (-en)
newspaper-cutting	der Zeitungsausschnitt (-e)
note-pad	der Notizblock (¨e)
(to give) notice (of departure), (to cancel)	*ab*melden
(to give) notice (to employer or employee)	kündigen

O

to object to	beanstanden, etwas einwenden gegen
objection	die Beanstandung (-en), der Einwand (¨e)
obliged (grateful)	verbunden
to occupy (give work to)	beschäftigen
occupied (engaged)	besetzt
to occur (crop up)	*auf*tauchen, *an*fallen
to offer	*an*bieten, offerieren
offer	das Angebot (-e), die Offerte (-n)
office	das Büro (-s)
office-worker	der Büroarbeiter (-)
official (adj.)	offiziell
official	der Beamte (-n)
often	oft, häufig
to open up, set up	eröffnen
in operation	in Betrieb
out of operation, out of order	außer Betrieb
to order	bestellen, beauftragen (Personen)
order	die Bestellung (-en), der Auftrag (¨e)
to place, make an order for	in Auftrag stellen
confirmation of order	die Auftragsbestätigung (-en)
origin	der Ursprung (¨e)

originally	ursprünglich
. to be outstanding (of money)	ausstehend, offenstehen, rückständig sein
overdue	rückständig, überfällig
oversight	das Versehen (-)
by an oversight, by mistake	aus Versehen
overtime (to do)	Überstunden (machen)

P

to pack (of goods)	verpacken
packing	die Verpackung (-en)
paper	das Papier (-e)
paper-basket	der Papierkorb (¨e)
paper-clip	die Büroklammer (-n)
paper scissors	die Papierschere (-n)
paper-weight	der Briefbeschwerer (-)
parcel	das Paket (-e)
parcel form	die Paketkarte (-n)
part	der Teil (-e)
part-payment	die Teilzahlung (-en)
(to take) part in	*teil*nehmen an (dat.)
party line (telephone)	der Nebenanschluß (¨sse)
to pay	zahlen
payment	die Zahlung (-en)
payment form (post office)	die Zahlkarte (-n)
to pay postage on	*frei*machen, frankieren
pencil	der Bleistift (-e)
pencil sharpener	die Bleistiftspitzmaschine (-n)
(cf. Picture)	der Bleistiftspitzer (-)
perhaps, probable	eventuell
per piece	pro Stück
personnel	das Personal
personnel department	die Personalabteilung (-en)
photocopy	die Ablichtung (-en)
piece	das Stück (-e)
to place (an advertisement)	*auf*geben (ein Inserat)
to point out	darauf *hin*weisen
point of view	die Ansicht (-en), die Meinung (-en), die Stellungnahme (-n)
port	der Hafen (¨)
(free) port	frei Hafen
portable typewriter	die Reiseschreibmaschine (-n)
position (situation)	die Lage (-n)
(to be in a) position to	in der Lage sein
post (job)	die Stelle (-n), die Stellung (-en)

post (mail)	die Post
to post (hand in)	*auf*geben
to post (in letter box)	*ein*werfen
postage	das Porto
postage-stamp	die Briefmarke (-n), das Wertzeichen (-)
postal code	die Postleitzahl (-en)
postal-cheque	der Postscheck (-s)
postal district	der Postbezirk (-e)
postal system	das Postwesen
post-box	der Briefkasten (-) (÷)
post-box slit	der Briefeinwurf (÷e)
post department	die Postabteilung (-en)
post restante	postlagernd
post office	das Postamt (÷er)
post office account	das Postscheckkonto (-en)
post office bus	der Postbus (-se)
post office cheque	der Postscheck (-s)
post office private letter box	das Postschließfach (÷er)
post office letter box number	die Postschließfachnummer (-n)
post office van	der Postwagen (-)
practice (opp. of theory)	die Praxis
in practice	in der Praxis
preferably	vorzugsweise
to represent (to be)	*dar*stellen
presupposing that	vorausgesetzt, daß
price	der Preis (-e)
price for a single item	der Einzelpreis
printed matter	die Drucksache (-n)
probable, probably	eventuell, wahrscheinlich
profession	der Beruf (-e)
professional, -ly	beruflich
profit	der Gewinn (-e)
progressive	fortschrittlich
to promote (to raise salary)	*auf*bessern
promotion possibilities	die Aufstiegsmöglichkeiten
prospect	die Aussicht (-en)
to hold prospects of	in Aussicht stellen
to protest against	beanstanden (acc.), sich beschweren über (acc.)
protest	die Beanstandung (-en), die Beschwerde (-n)
provided that	vorausgesetzt, daß
publicity (advertising)	die Werbung (-en)
punch (office equipment)	der Locher (-)

Q

qualification	die Fähigkeit (-en)
qualified engineer	Dipl. Ing. (Diplom-Ingenieur)
quality	die Qualität (-en)
quantity	die Quantität (-en), die Menge (-n)
query	die Frage (-n), die Rückfrage (-n)
(it is a) question of	es handelt sich um
to quote (a price)	(den Preis) *an*geben
quotation of price	die Preisangabe (-n)

R

railway	die Bahn
(German Federal) railways	die Bundesbahn
(by) rail	per Bahn
raised (adj.)	erhöht
rate (of interest) etc.	der Satz (⁓e)
raw material	der Rohstoff (-e), das Rohmaterial (-ien)
receipt (signed paper)	die Quittung (-en)
receipt (on delivery)	der Empfang
receipt of order	der Auftragsempfang
receiver (telephone)	der Hörer (-)
receptionist	die Empfangsdame (-n)
recipient	der Empfänger (-)
to refer to	sich beziehen auf (acc.)
reference (written report for candidate)	die Referenz (-en)
(with) reference to	unter Bezugnahme auf (acc.), bezugnehmend auf (acc.)
reference book	das Nachschlagewerk (-e)
referring to this	diesbezüglich
refund	die Vergütung
refrigerator	der Eisschrank (⁓e)
to register	*ein*schreiben (of post), *auf*geben (of luggage)
to regret	bedauern
(to our) regret	zu unserem Bedauern
regulation	die Verordnung (-en), die Vorschrift (-en)
to reimburse	vergüten, rückvergüten
reimbursement	die Vergütung (-en)
to remind (in strong terms)	mahnen

124

reminder	die Mahnung (-en)
to remove (take off)	*ab*ziehen
to replace	ersetzen
replacement	der Ersatz
replacement delivery	die Ersatzlieferung (-en)
report	der Bericht (-e)
(to make a) report	berichten
to report (arrival)	*an*melden
to represent (to be agent or substitute)	vertreten
to represent (to be)	*dar*stellen
representative	der Vertreter (-)
request	die Bitte (-n)
to request	bitten um (acc.), verlangen
on request	auf Verlangen
to require	benötigen, nötig haben
requirement	die Anforderung (-en)
to satisfy requirements	Anforderungen genügen, den Anforderungen entsprechen
to reserve	reservieren, *vor*bestellen
reserve (stock)	der Reservevorrat (¨e)
reservation	die Vorbestellung (-en)
responsibility	die Verantwortung
willing to take responsibility	verantwortungsfreudig
responsible (reliable)	verantwortungsvoll
to return (send back)	*zurück*schicken
by return	umgehend, postwendend
to return to previous subject)	*zurück*kommen auf (acc.)
reversed charges (telephone)	das R-gespräch (-e)
revenue	die Einnahme (-n)
(source of) revenue	die Einnahmequelle (-n)
to revise (accounts)	revidieren
to ring up	*an*rufen, telefonieren
to rise (prices, wages, etc.)	steigen
rubber-boot	der Gummistiefel (-)
rule (regulation)	die Vorschrift (-en)
as a rule (normally)	in der Regel

S

salary	das Gehalt (¨er)
sale (selling)	der Verkauf (¨e)
sale (end of season)	der Ausverkauf (¨e)
sales department	die Verkaufsabteilung (-en)
sales director	der Verkaufsleiter (-)

salesman, -woman	der Verkäufer (-), die Verkäuferin (-nen)
(counterhand)	die Verkaufskraft (-e)
sample	das Muster (-)
'sample' (written on letter or parcel)	Muster ohne Wert
satisfactory	zufriedenstellend
sea-worthy	seefest, seemäßig
second copy (on typewriter)	der Durchschlag (-e)
secretarial college	die Handelsschule (-n)
secretary	die Sekretärin (-nen)
to select	wählen
sellotape	der Tesafilm (-e)
to send	schicken, senden
to send (let someone have)	*zu*kommen oder *zu*gehen lassen
in service	in Betrieb
out of service	außer Betrieb
session	die Sitzung (-en)
to set up (open)	eröffnen
to settle (bill, account)	begleichen, *ab*rechnen
settlement (bill, account)	die Begleichung (-en), die Abrechnung (-en)
sewing-machine	die Nähmaschine (-un)
share (in business)	die Aktie (-n)
shareholder	der Aktionär (-e)
shipping	die Schiffahrt
shop	der Laden (-)
shop supervision	die Ladenaufsicht
shorthand	die Stenographie, die Kurzschrift (-grafie)
(to write in) shorthand	stenographieren (-grafieren)
shorthand-pad	der Stenoblock (-e)
shorthandtypist	die Stenotypistin (-nen)
to sign	unterzeichnen, unterschreiben
signature	die Unterschrift (-en)
signature folder (for letters to to be signed	die Unterschriftenmappe (-n)
single price	der Einzelpreis (-e)
situation	die Lage (-n), die Stellung (-en)
to be in a situation	in der Lage sein
slide tray	das Ausziehbrett (-er)
size	die Größe (-n)
sold out	ausverkauft
solicitor	der Rechtsanwalt (-e)
source	die Quelle (-n)
source of revenue	die Einnahmequelle (-n)
source of supply	die Bezugsquelle (-n)

speed	**die Geschwindigkeit (-en)**
staff	**die Belegschaft, das Personal**
stain	der Fleck (-en), der Flecken (-)
stamp (rubber)	der Stempel (-)
stamp (postage)	die Briefmarke (-n), das Wertzeichen (-)
(to put a) stamp on (pay postage on)	*frei*machen, frankieren
(book of) stamps	das Briefmarkenheft (-e), das Wertzeichenheft (-e)
to staple	*zusammen*heften
staple	die Heftklammer (-n)
stapler	die Heftmaschine (-n)
state (government, country)	der Staat (-en)
state of affairs	die Lage (-n), die Sachlage (-n)
to state (quote price, etc.)	*an*geben
statement (quotation)	die Angabe (-n)
statement of price	die Preisangabe (-n)
statement of account	die Abrechnung (-en), der Konto-auszug (¨e)
stencil	die Matriże (-n)
stock	der Vorrat, (¨e), das Lager (-)
in stock	vorrätig, auf Lager
to strike (industrial)	streiken
strike	der Streik (-s)
to strike (be conspicuous)	*auf*fallen
stroke (typewriter)	der Anschlag (¨e)
subscriber (telephone)	der Fernsprechteilnehmer (-)
to substitute	ersetzen
to suffice	genügen
supplier	der Lieferant (-en)
to supply	liefern
supply and demand	Angebot und Nachfrage
swivel chair	der Drehstuhl (¨e)
syllable	die Silbe (-n)

T

table lamp	die Schreibtischlampe (-n)
to take part in	*statt*finden
tape (for recorder)	das Tonband (¨er)
tape-recorder	der Tonbandapparat (-e)
telegram	das Telegramm (-e)
by telegram	drahtlich
to telegraph (to wire)	drahten
telephone	das Telefon (-e), der Fernsprecher (-)
telephone booth, box	die Telefonzelle (-n)
telephone call	der Anruf (-e)

telephone conversation	das Telefongespräch (-e)
telephone directory	das Telefonbuch (⸚er)
telephone exchange	das Telefonamt (⸚er)
telephone number	die Telefonnummer (-n)
terms of payment	die Zahlungsbedingung (-en)
testimonial	das Zeugnis (-se)
ticket-window	der Schalter (-)
today's	heutig (adj.)
total amount	der Gesamtbetrag (⸚e)
to put in touch with	in Verbindung setzen
to be traced back to	*zurück*führen auf (acc.)
trade	der Handel
trade-fair	die Handelsmesse (-n)
trading (dealing)	der Verkehr
trading company	die Handelsgesellschaft (-en), das Geschäftshaus (⸚er)
traffic (trading and also on roads)	der Verkehr
to transfer, transmit	übertragen
to transfer, remit (money)	überweisen
(in) transit	unterwegs
translator	der Übersetzer (-)
travel agency	das Reisebüro (-s)
travel department	die Reiseabteilung (-en)
traveller	der Reisende (-n) (ein Reisend*er*)
traveller (commercial) travelling salesman	der Handelsreisende (-n)
trial	die Probe (-n)
trial order	die Probebestellung (-en), der Probeauftrag (⸚e)
in triplicate	in dreifacher Ausfertigung
typewriter	die Schreibmaschine (-n)
typewriter table	der Schreibmaschinentisch (-e)
typing	das Maschinenschreiben
typist	die Schreibkraft (⸚e)

U

unavoidable	unvermeidlich
to undertake (with direct object)	unternehmen
to undertake to do something	sich verpflichten zu
undertaking	das Unternehmen (-), die Unternehmung (-en)

unsettled (bills, accounts)	offenstehend
used up	erschöpft

V

vacuum-cleaner	der Staubsauger (-)
valid	gültig
validity	die Gültigkeit
value	der Wert (-e)
(of) value	wert, wertvoll
vocabulary	der Wortschatz

W

wall calendar	der Wandkalender (-)
warehouse	das Lagerhaus (¨er)
weight	das Gewicht (-e)
well-founded, well-based	fundiert
well-made	gut bearbeitet
Wellington boot	der Gummistiefel (-)
(the) whole time	dauernd, laufend, die ganze Zeit
to wire	drahten
by wire	drahtlich
work	die Arbeit (-en)
work (of an author)	das Werk (-e)
work of reference	das Nachschlagewerk (-e)
working atmosphere	das Betriebsklima
works (factory)	das Werk or die Werke (pl.)
worsted (cloth)	der Kammgarnstoff (-e)
worth (adj.)	wert
in writing	schriftlich
writing-desk	der Schreibtisch (-e)